駆けつける信仰者たち

天理教災害救援の百年

金子 昭

道友社

結成30周年迎えた
天理教災害救援ひのきしん隊

“その時”に備える隊員は全国に約6,000人。写真は、災害救援ひのきしん隊結成30周年記念大会（平成13年11月27日、奈良県天理市）

天理教の救援活動は、明治24年の濃尾地震が端緒となる。写真は、関東大震災の際、衣類を集めて救援に向かう東京の信者たち（大正12年）

〝接待風呂〟と称して被災者をもてなす救援活動も、かつては盛んに行われた（同上）

“たすけ合い活動”は一世紀前から始まった

京都府の北丹後地震では、大阪の教友が救護品を送った（昭和２年）

冷害に見舞われた東北地方への緊急支援として、義援金を募り物資を届けた（昭和９年）

全教挙げて緊急支援
——阪神・淡路大震災

救援物資をトラックに積み込む（平成７年１月18日）

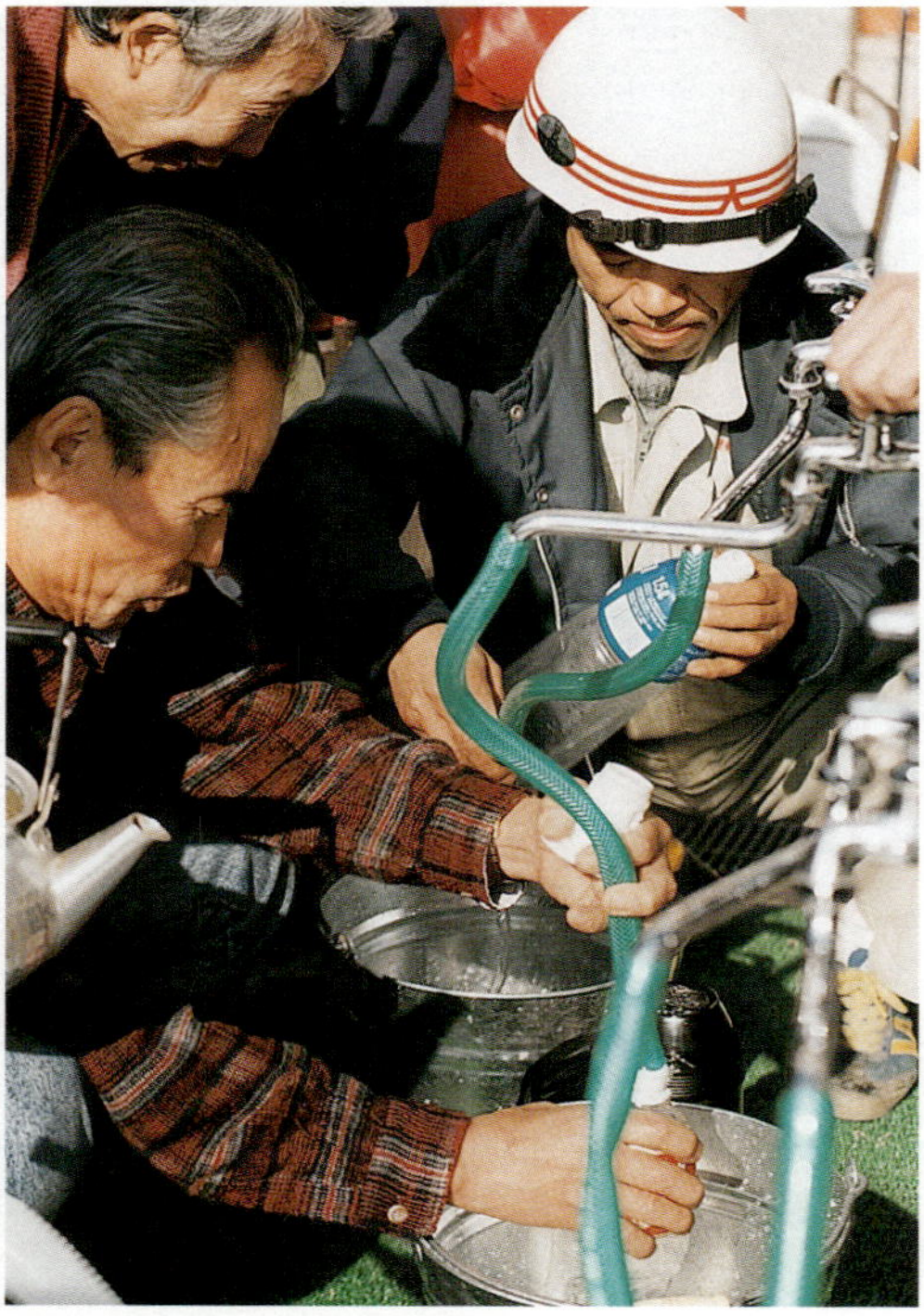

給水車の出動は２カ月間で延べ311台

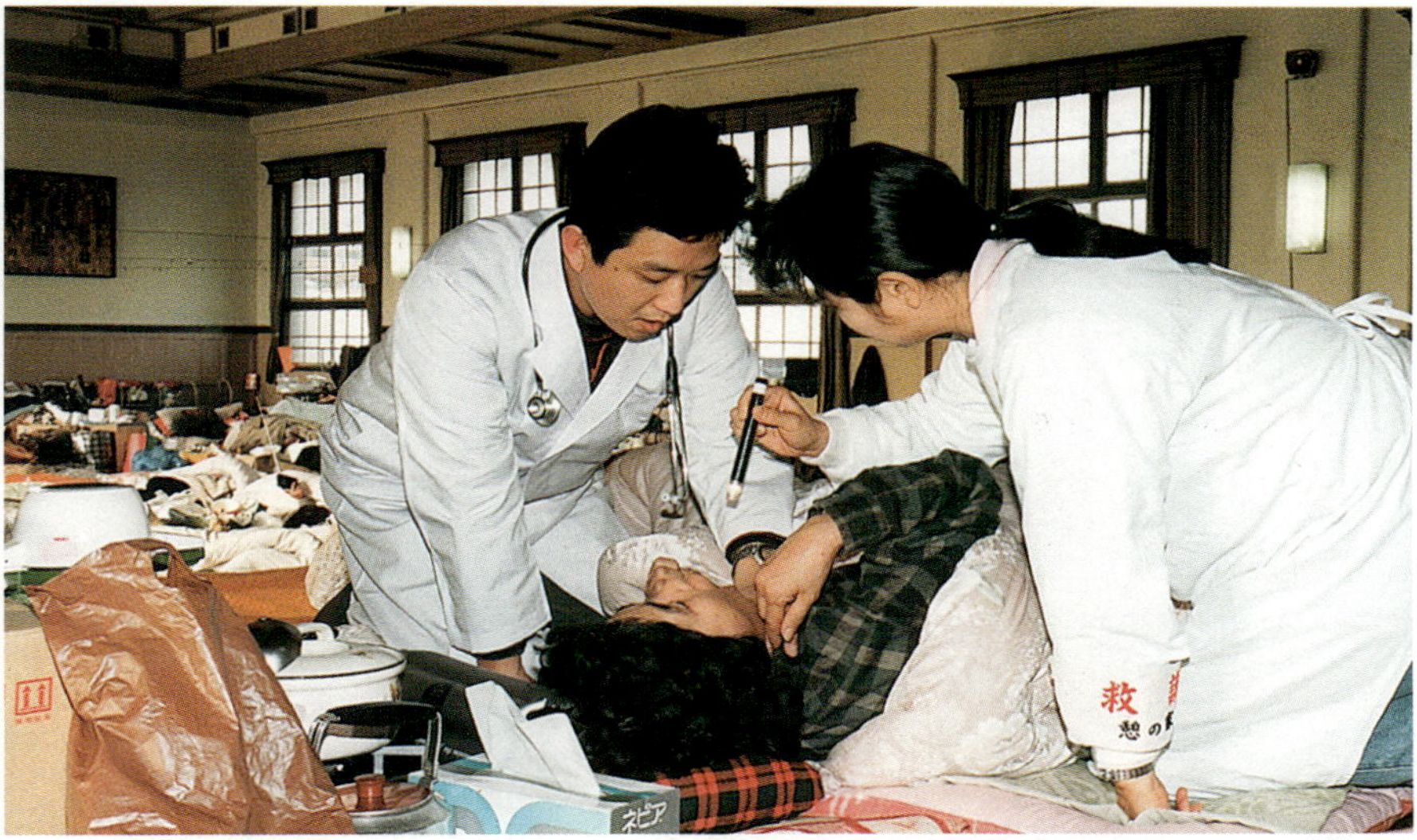

天理よろづ相談所病院「憩《いこい》の家」は、３次にわたる医療隊を派遣

天理の子どもたちは自宅からおにぎりを持ち寄り、被災者を励ますメッセージを添えた。１万8,200個のおにぎりを載せた自衛隊ヘリを見送る天理中学の生徒たち（平成７年１月20日）

人の難渋を "わが事" と受けとめ──阪神・淡路大震災

炊き出しは11市区町で。計７万3,000食を振る舞った

災害救援ひのきしん隊は、地震発生から間もなく始動。延べ１万3,500人の隊員たちは瓦礫《がれき》の撤去や被災家屋の解体などに従事した

天理教
ひのきしん隊

北海道・有珠山《うすざん》の噴火災害では、降灰の除去と緑化活動に尽力。"町おこし"の一環として、枕木で遊歩道も敷設した（平成13年６月）

豪雨水害の被災地で、土砂などを運び出す隊員たち（平成13年9月、高知県土佐清水市）

〝有事即応〟で被災地へ

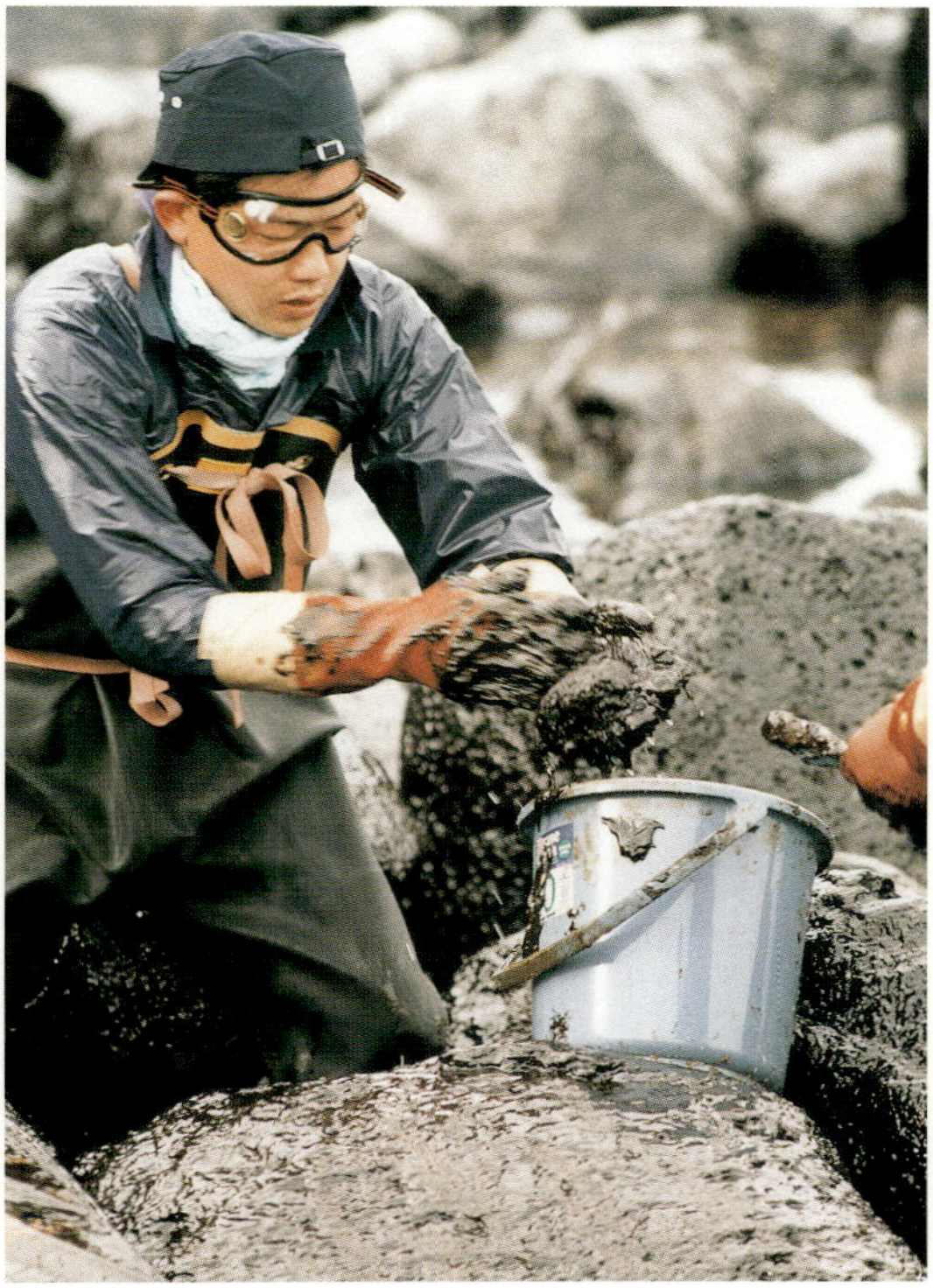

災害救援ひのきしん隊は環境問題にも取り組む。写真は、日本海に流出した重油の回収作業（平成９年１月、福井県三国町）

台湾大地震を機に、2001年には海外初の災害救援隊が誕生（台湾・大里市）

天理教の災害救援マップ［明治24年～平成13年］
1891　2001

※大規模災害における主要な活動地のみ記す。

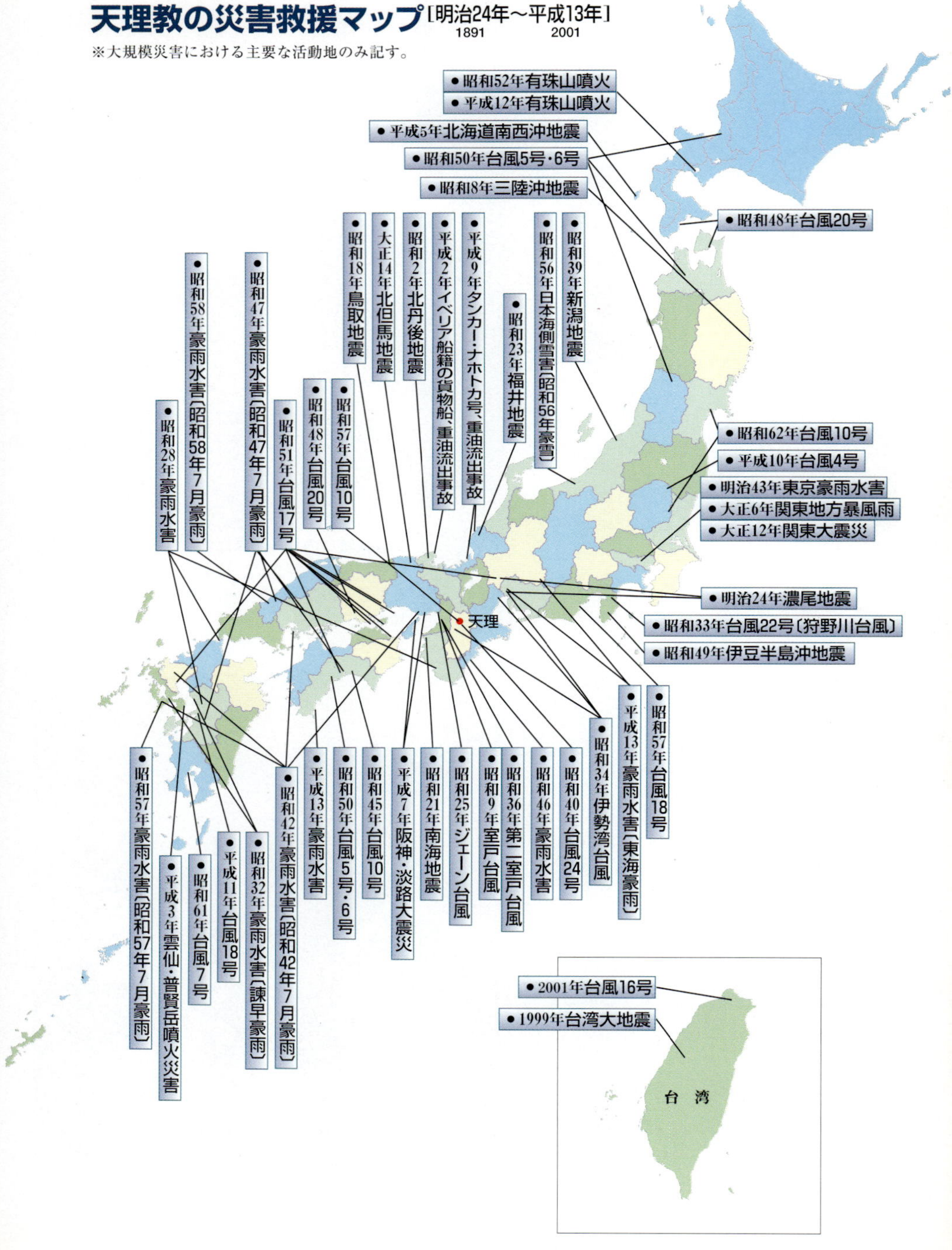

序にかえて

平成七年（一九九五）一月十七日未明。まどろみの中にあった人々を激震が襲った。凄《すさ》まじい揺れは二十秒弱続いた。地は割れ、山は崩れ、建物は倒れ、大火災も発生した。全半壊家屋二十五万戸、死者六千四百三十人を出した阪神・淡路大震災である。

〝あの日〟から丸七年が過ぎた。私は、ちょうど三年前の一月十七日、淡路島にいた。そこは「天理教災害救援ひのきしん隊（略称・災救隊《さいきゅうたい》）」が、地震後初めて出動した地である。本教の災害救援史を執筆するよう、天理教道友社から依頼を受け、資料を読み進めるうち、全教挙げての救援活動が繰り広げられ、私たちの記憶にも鮮明に残っている〝この地〟から筆を起こしたかったのである。

島で最も被害が大きかった北淡《ほくだん》町を訪れた。震災から四年がたつというのに、街の中にはあちこち更地《さらち》が残っていた。だれかがそこで亡くなったのだろうか、花が供えられている場所もあった。町役場からの有線放送で、正午に一分間の黙祷《もくとう》を捧《ささ》げる旨が呼びかけられ、私もしばし瞑目《めいもく》した。

住む家を奪われ、家族を失った人たち。わが家があったはずの所に、無造作に瓦礫《がれき》が積み上げられていた。救出活動、医療救護、食料援助、義援金、避難所での生活支援……。復興は進んでいるとマスコミは報じているが、表通りから一歩裏手に入ると、仮設の建物や更地に出くわす。震災が残したつめ跡のあまりに大きいことを、あらためて実感した。

天理教の災害救援活動の特徴

地震発生後、全国各地から官民挙げてのさまざまな支援活動が繰り広げられた。天理教でも、ただちに災害救援対策本部が設置され、全教挙げて緊急支援に取り組んだ。なかでも、被災現場で瓦礫の撤去などの救援活動に当たったのが災救隊であった。

大震災を機に、一般社会のボランティア熱が高まる一方で、政府レベルでも平成十年十二月にNPO法（特定非営利活動促進法）が施行されるなど、社会環境は大きく変化しつつある。こうした今日の状況だからこそ、本教における災害救援活動を丹念に検証する機が熟してきたと、私は考えている。本教の災害救援活動は、実は、あまり知られていないことだが、歴史、規模、内容のどれをとっても比類のない実績をもつ。

第一に、本教の災害救援の歴史は古い。明治二十四年（一八九一）の濃尾《のうび》地震の際の復旧支援のひのきしんに始まり、優に百年を超えている。大正十二年（一九二三）の関東大震災や、昭和三十四年（一九五九）の伊勢湾《いせわん》台風の際には、全教挙げての救援活動を繰り広げた。災害の救援現場には、必ず天理教の〝ひのきしん隊〟がいたといっても過言ではない。

いまでこそ数多くのボランティアが災害救援に駆けつける時代となったが、それは戦後もかなりたってからのことにすぎない。往時は民間の救援活動は稀《まれ》であり、なかでもハッピを着て献身的に奉仕するお道の先人たちの姿は、ひときわ人々の注目を集めたのだった。

こうした一連の動きの中で、〝有事即応〟の体制を整えようという機運が盛り上がり、昭和四十六年（一九七一）ごろから常備の精鋭隊として「災救隊」の正式結成が教区ごとに本格化した。現在は、教会本部のおやさと隊と全国四十七教区隊、海外では初めての台湾災區服務隊《さいくふくむ》が先ごろ結成され、約六千人の隊員が訓練を重ねて〝その時〟に備えている。

第二に、大きな災害が発生すれば、本教の救援活動はしばしば大規模に行われてきたことが挙げられる。阪神・淡路大震災の際には、全国から駆けつけた延べ百三十万人以上のボランティアがさまざまな救援活動に参加したといわれているが、その時に出動した災救隊員は、延べ一万三千四百十八人。実に約百人に一人が災救隊員だったことになる。このほかにも物資の仕分けや給水・炊き出し、医療支援など数字には表れない多くの教友が、個人で、あるいはグループ単位で救援活動に関《かか》わっていたから、その割合はもっと高くなるだろう。

さらに歴史をさかのぼってみよう。戦前の例でいえば、昭和九年（一九三四）の室戸《むろと》台風後の大阪における救援に際して、空前の延べ二万人という教友が清掃活動などに力を尽くした。当時、このような救援活動を大規模に行える民間団体は、ほかに存在しなかった。

第三に、本教の災害救援活動の内容はきわめて高い質を有している。すでに明治二十四年の濃尾地震の際の〝ひのきしん隊〟からして、被災地に負担をかけないようにと道具持参、旅費などもすべて自弁であった。現在の災救隊の原則として確立している自給自足態勢の萌芽《ほうが》が、すでにここに見られる。

災救隊は、作業に使う道具や資材をはじめ、隊員の衣食住に関わる生活物資のすべてを自前で賄《まかな》う。また毎年、実動を兼ねた野外作業訓練や規律訓練、救命講習などを重ね、技術を磨くことも怠らない。長年にわたる経験から、災害の種類に応じた救援のノウハウも蓄積しており、とくに阪神・淡路大震災以降は、一般のボランティアの現地〝コーディネーター役〟を務めたり、行政から防災マニュアルの作成に関してアドバイスを求められるほどに成長している。

本書のねらい

本書は、天理教の災害救援活動の歩みを取り上げていくものだが、そのねらいは二つある。

まず第一に、災救隊の前史ともいうべき本教の知られざる災害救援の歴史を掘り起こし、折々の社会情勢との関わりの中で、その意義について物語っていきたい。

第二のねらいとしては、お道の先人たちが、天災という大きな節《ふし》をいかに受けとめたのか、その信仰的な足跡をたどることである。先人たちはこれらの節を通して、内に向けては信仰を深めつつ、外に向けては「一れつきょうだい」の教えに基づく〝互い立て合いたすけ合い〟を実践したのである。その結果、被災地にまかれた伏せ込みの種が、やがて信仰の芽という形で吹くことにもつながってきている。

大災害は多くの人命を奪い、営々と築いてきた人々の暮らしに打撃を与える。とはいえ、大災害は、怪しげな運命論で片づけられるものではなく、いわんや天罰であるはずもない。お道の信仰者にとっては、その大節から芽を出し、成人への歩みを進めるべき〝神の仕込み〟であると私は思う。本教の災害救援史から見えてくるものは、なす術《すべ》もなく茫然《ぼうぜん》としていた人々が、〝きょうだい〟から差し伸べられた「たすけ合い」の手によって、生きる勇気を得て立ち上がっていく姿であり、また、お道の信仰者ならば、前にも増して人だすけに邁進《まいしん》する姿ではないだろうか。

教史における災害救援活動とその意義を振り返ることは、混迷する現代社会での布教活動を考えるうえでも、多くの示唆が与えられることだろう。それほどまでに重要なテーマだと私は思うのだが、今日まで真正面から取り上げられなかったのが、不思議なほどである。本書では、歴史の掘り起こしを中心に据えつつ、本教の災害救援活動の過去・現在・未来に光を当てていきたい。

金子　昭

〝あの日〟から七年目の平成十四年一月十七日に記す。

駆けつける信仰者たち
天理教災害救援の百年 【目次】

【凡例】

一、災害関係の統計資料は、主として『日本の自然災害』（力武常次・竹田厚監修、国会資料編纂会、平成10年）を典拠に用いた。また『日本史小百科22　災害』（荒川秀俊・宇佐美龍夫著、近藤出版社、昭和60年）等を適宜参考にしている。

二、参考文献の扱いは、次の通り。

（1）参考文献は各部末に章ごとにまとめた。

（2）各章で用いた文献は煩を厭《いと》わず、同じものを掲げていることもあるが、各部において二度目以降の場合は書名と発行年のみとしている。

（3）本書全体を通じての天理教関係の参考文献は、『改訂・天理教事典』（天理大学おやさと研究所編、天理教道友社発行、平成9年）および『改訂・天理教事典教会史篇』（同編、同発行、平成元年）である。

三、本文に登場したものも含め、本教の主要な災害救援活動全般については、巻末の「天理教の災害救援史年譜表」を参照されたい。

四、本文に登場する人名の敬称は略させていただいた。

第一部　前史——明治・大正・昭和初期の災害救援

第一章 濃尾地震 明治24年

時をさかのぼること一世紀余り前、教祖《おやさま》五年祭が執行された明治二十四年（一八九一）の十月二十八日午前六時三十八分、岐阜県西部を震源とするマグニチュード8・0（一説には8・4）もの大地震が起こった。

これが世にいう「濃尾地震」で、内陸部で起こった日本最大級の地震である。その規模は、関東大震災のマグニチュード7・9、阪神・淡路大震災の7・2を上回り、あまりの激しい揺れに名古屋測候所の地震計が壊れるほどであった。

初震のあとも、激震は何度も中部地方を襲い、余震も長く続いた（愛知県では二年間、岐阜県では四年間も余震が続いたという）。とくに被害がひどかったのは美濃《みの》・尾張《おわり》地方で、これをもじって「〝身の終わり〟がきた」と人々はささやきあったという。実際、死者七千二百人余り、全壊家屋十四万二千戸に上る大惨禍であった。

〝みのおわり〟の地へ駆ける

公的な災害救援活動

この震災では、官民からさまざまな救援の手が差し伸べられた。しかし、当時の新聞記事を読むと、まだ民間の援助活動は組織だっておらず、地元の消防団や憲兵、警官、とくに軍隊の出動が目をひく。

名古屋に本拠を置く陸軍第三師団は、ただちに各駐屯《ちゅうとん》部隊を被災地へ派遣し、救援活動を展開した。工兵は瓦礫《がれき》の中から被災者を救出し、輜重《しちょう》兵は炊き出しを担当。陸軍病院からは、医師が薬品や治療器具を携帯して、診療・看護に当たるなどした。また、当時は軍事救護を主目的としていた日本赤十字社も救護員を派遣し、〝天幕病院〟や救護所を設営して負傷者の救護に努めた。

鉄道関係では、被災者の救援物資についてのみ運賃を無料あるいは割引とした。これは、わが国の鉄道史における災害割引の最初である。明治政府も、勅令により多額の震災地救済資金を岐阜・愛知の両県に拠出することを決めた。

「一ぶ万倍の理に受け取る」

本教でも震災の報を受け、ただちに反応した。地震から三日後の十月三十一日夜の「おさしづ」では、名古屋の愛知支教会への見舞いのため、教会本部（奈良県天理市）から三人、各分教会代表として一人を派遣することに対し、

「さあ〳〵も一日も早く〳〵、早く尋ねて安心の理を求めるによって」

とのご神言があった。これを受けて現地視察を終えた四人は、十一月五日に教会本部のある〝おぢば〟へ帰り、被災地の状況を報告後、さらに神意を伺った。すると、次のような「おさしづ」があった。

「何も、恐《おそ》ろしき剣《つるぎ》の中《なか》火の中も、何《なん》にも怖《こ》わき事は無い。よう運び、順々の理に受け取る。一ぶ万倍の理に受け取る。事情聞いて楽しむという」

大災害に直面し途方に暮れていた被災者の中にあって、本教の布教師たちは「一ぶ万倍の理に受け取る」とのご神言を受けて、いまや勇み立つべき時が来たと発奮したことだろう。事実、「みのおわり」と呼ばれた濃尾地震を一つの節目にして、被災地に真実を尽くした結果、道は大きく進展し、今日の岐美《ぎみ》大教会の〝道あけ〟となった。

義援金としては、教会本部から六十円、中山眞之亮《なかやましんのすけ》初代真柱をはじめ本部役員から二十五円を出金した。参考までに、政府が支出した震災地救済資金は、岐阜県が百五十万円、愛知県が七十五万円だったという（※明治二十五年当時、東京における標準価格米一〇キロ

グラム当たりの小売価格は六十七銭〈食糧庁統計資料から〉）。

なお勅令によれば、政府の救済資金は、被災者の救済および河川の堤防の修復工事に充てるとされたが、そのほとんどを堤防の修復に回したため、岐阜県では救済資金の配分をめぐって、一部の住民が「堤防修復よりも被災者の直接的な救済に充てよ」と、県議会に対して暴動を起こす騒ぎもあった。

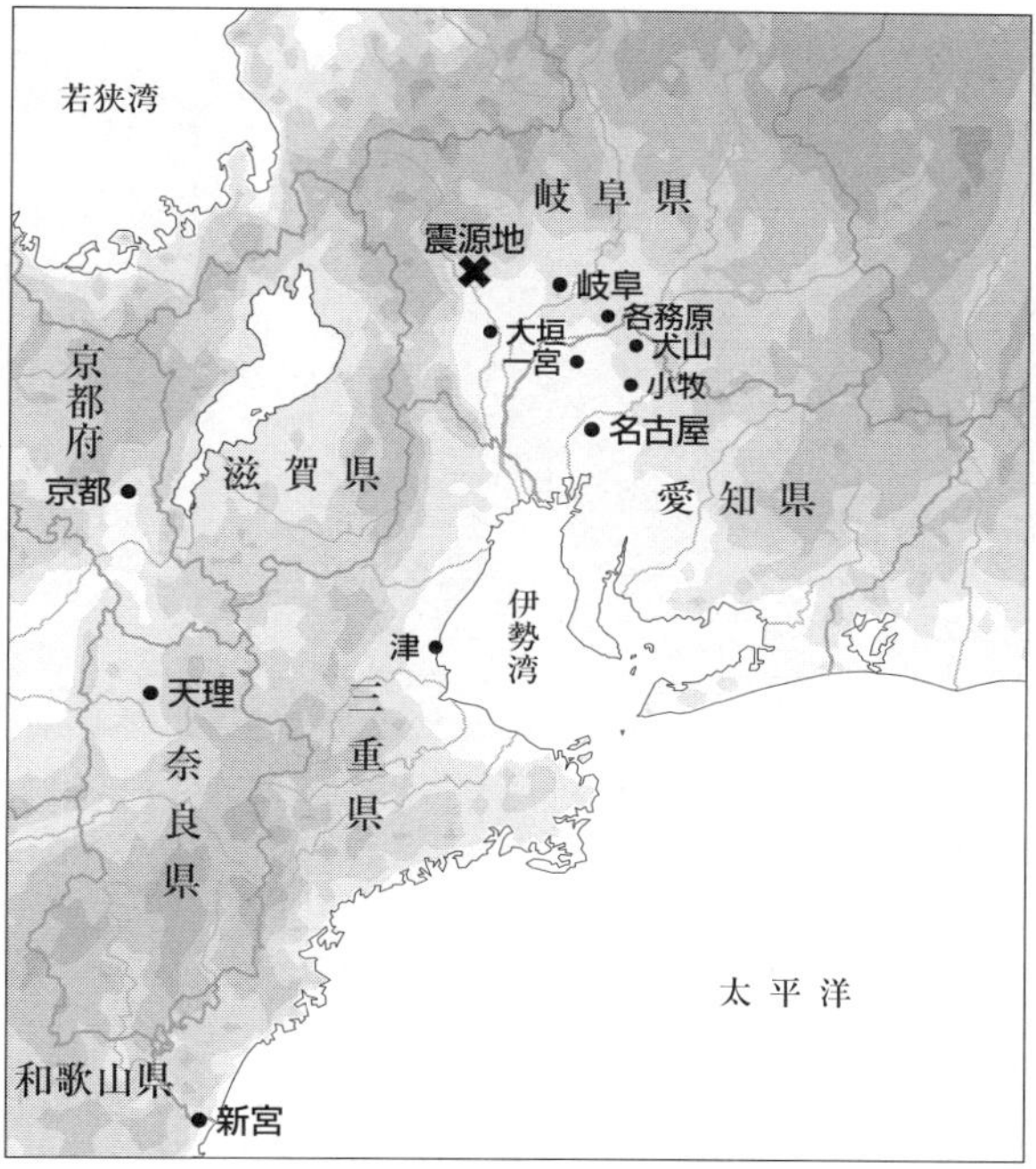

〝災救隊〟の先駆け

震災の報は、和歌山県新宮《しんぐう》にある南海《なんかい》支教会（当時）の山田作治郎《やまださくじろう》初代会長の耳にも届いた。山田会長は「濃尾にひのきしんに行こうではないか」と呼びかけ、十二月中旬に扶助派出掛《ふじょはしゅつがかり》として大工の腕をもつ三十四人と役員三人を派遣することにした。旅費、食料、生活費などすべて自弁であった。

この濃尾行きには伏線があった。明治二十二年十二月のある日、山田会長は、天理教を撲滅させようとねらっていた警察署長の尋問を受けた。そのとき、署長は「尾

濃尾地震から数日後の光景。天理教の災害救援活動の端緒となった（『日本の自然災害』〈国会資料編纂会〉から）

張・美濃のごとき仏教の盛んな土地に天理教信者ができたら、自分は降参しよう。やれるものならやってみよ」と息巻き、山田会長は「天理の道の邪魔をした者が立つか、天理の道を踏んでいった者が勝つか、年限がたてば分かるでしょう」と応酬したのだった。このことがあって以来、山田会長は「なんとかして濃尾地方に道をつけたい」と念願していた。折からの大地震は、ひのきしんの実践で天理教のなんたるかを世に示す契機でもあった。

ところが勇躍、名古屋に駆けつけてみると、被災者が天理教のひのきしんについて知るはずもなく、「ただで修復してくれるはずがない」「きっと、あとで何か要求されるに違いない」と疑念を抱き、当初はだれからも依頼がなかった。というのも、当時は民間の援助活動、とくに宗教系のものは、不審の目で見られていたふしがあったからである。被災者の中には、キリスト教系病院での治療や入院を嫌う者もおり、布教とは無関係の慈善治療であることを納得させて、ようやく治療を受けてもらったという話も残っている。

こうした状況を見聞きした役員三人は、村役場や駐在所でひのきしんの意味を詳しく説明。救援活動の「証明書」をもらい、これを被災者へ示すことにした。南海支教会の〝災害救援ひのきしん隊〟は、このような手続きを踏みながら少しずつ倒壊家屋の後片づけや修繕の作業を始めた。やがて、評判を聞いて、あちこちから依頼が来るようになり、目ざましく復旧活動にいそしんだ。なかには岐阜方面まで足を延ばし、一カ月ほど滞在して作業を続ける者もあった。

天理教史の中で〝先駆け〟となる、この災害復旧ひのきしん活動は、教内でも注目を浴び、明治二十四年十二月創刊の『道の友』（天理教の月刊誌、現題字『みちのとも』）第三号（明治25年2月28日発行）では、「慈善建築」の見出しでこれを取り上げている。その内容には、こんなやりとりがある。「なぜ、こうした義挙をなし得るのか」という被災者の問いに対し、「天理教の教理を心にしっかり治めて実践しているからだ」と、彼らは胸を張って答えているのだった。

なお、南海支教会では、ひのきしん活動の際、名古屋に集談所を設けたものの、なかなか道がつかない。「こんなに仏教の盛んな土地は、日本全国へ道がついてからでないと到底、道はつかぬ」と、当地での布教を断念する者が相次いだという。また、断続的な余震にも脅かされた。そんな中、派遣された役員の一人である西初太郎《にしはつたろう》は、それだからこそと不退転の決意で布教に臨み、翌二十五年秋には熱田《あつた》町に布教事務取扱所の設置をみるに至る。これが、のちの東愛《とうあい》大教会の道の〝かかり〟となった。

第二章　東京豪雨水害　明治43年

明治三十年（一八九七）前後から、全教挙げて災害救援に取り組もうとする機運が徐々に高まりを見せてくる。

濃尾地震から五年後の明治二十九年六月、地震による大津波が三陸沿岸を中心に北海道から宮城県一帯を襲った。この津波による死者・行方不明は二万六千人を超え、流失家屋も一万戸近くに及んだ。

本教では、ただちに海嘯《かいしょう》視察員を派遣するとともに、教会本部から全教に向けて義援金の募集を呼びかけた。その報告は、月刊誌『道の友』に十カ月にわたって連載され、最終的な総額は四千八百四十九円に上った。これは、五年前の濃尾地震での義援金に比べると、実に五十七倍という格段に大きな額である。

さらには、義援金の支援にとどまらず、本教は災害が発生した場所に出向いて積極的な救援活動に乗りだすようになった。

明治四十三年（一九一〇）八月の「東京豪雨水害」では、自ら被災しながらも、近隣の人々へ救援の手を差し伸べようと奮闘する教友たちの姿が見られた。

下町一帯、泥海と化す

全国の布教師、東京へ

本教は、明治四十一年（一九〇八）に念願の一派独立を果たした。『東京百年史』第三巻（東京都発行）には「天理教の東京進出をめぐって」という独立した項目が設けられており、本教がわずか二十数年にして屈指の大教団となったことが驚きの筆致で記されている。

当時の「東京市統計」によると、明治四十二年十二月末日現在の東京の教勢は、教会数百十四、教師職千三百四十四、信徒総数十一万三千弱であり、教会数では他の「教派神道」と比べて群を抜く一位であった。その布教伝道の過程は、多くの教会系統を通じて行われたもので、当時、全国からこれほど多くの布教師や信者が集中した都市は、ほかになかったであろう。

やがて、東京教務支庁（明治四十三年八月、教務支庁制度が導入される）を中心に、教会系統を超えた〝横〟のつながりが結ばれ、首都に在住する教友たちは、布教やたすけ合いに団結して当たるようになる。そのきっかけとなったのが、明治四十三年の「東京豪雨水害」での救援活動だった。

この年の八月中旬、東日本では数日間にわたって豪雨が続き、東京は百二十年ぶりといわれる大洪水に見舞われた。隅田《すみだ》川の堤防が破れ、下町一帯から近郊の区域にかけて一面は泥の海と化した。この水害は明治期最大規模の被害を出し、東京府だけで家屋の浸水十九万五千戸、被災者は八十万人に及んだ（なお被災範囲は一府十八県にわたり、死者および行方不明の総計千三百五十九人、浸水家屋は五十一万八千戸という前代未聞の被害が出た）。

舟で救援物資を配布

折しも、この年の五月前後に染井《そめい》の地へ移転した東京出張所（教務支庁に併設）は、十三日から、まず三十人の救援隊を出動させた。出張所は高台にあったため水害を免れており、当時、教区の書記をしていた梶本宗太郎《かじもとそうたろう》*が救援の指揮を執った。夕刻に神田錦《かんだにしき》町の日本橋《にほんばし》大教会に集合した一行は、各自「ひのきしん」と記した提灯《ちょうちん》を携え、二台の荷車に飲料水や食料を満載してただちに出動したのであった。

＊梶本宗太郎（明治十三年～昭和三十年）は中山眞之亮《なかやましんのすけ》初代真柱の甥《おい》に当たり、幼いころは教祖《おやさま》（中山みき）に可愛《かわい》がられた。この大水害の翌年の明治四十四年に本部員となるが、ほかに教務支庁長や世話人を含めて多くの要職に就いた。各地で行われた災害救援のひのきしん活動の先頭に立って尽力。この時の水害救援の経験が、その嚆矢《こうし》となった。

出張所内には救護所が設けられ、炊き出し場所は日本橋大教会内に置かれた。深夜二

明治43年の東京豪雨水害の際、東京出張所は荷車に飲料水や食料を乗せた救援隊を出動させた（神田錦町の日本橋大教会前）

回、昼二回、にぎり飯千人分（米一石《こく》）を二艘《そう》の舟に乗せ、本所区《ほんじょ》役所や警察の舟と相計らって、救助の手が届いていない方面に配付した。

こうした活動の範囲は、さらに下町の別の地域にも拡大し、炊き出し場所も十九日には麻布広尾《あざぶひろお》町の南東《なんとう》支教会（当時）に、また二十日には深川《ふかがわ》区西大工《にしだいく》町の都《みやこ》支教会（当時）へと移動した。下町の都支教会は普請にかかったばかりで、水害で土台まで流されてしまったが、このころには水もかなりひいたものと思われる（一説に、炊き出しを見合わせ、衣類雑貨の募集を行ったともいわれている）。

やはり下町にあった東本《とうほん》分教会（当時）も床上一尺（約三〇センチ）の浸水の被害を受けたが、三百人以上の被災者を教会で預かった。東本では、被災者が帰宅するに際して、一戸につき白米一斗《と》か五升《しょう》ずつ、ほかにも衣料品を与えるなどして、当座の生活のための配慮を怠らなかった。また、東本独自で三日間にわたり、弁当や飲料水を木舟三艘に積んで配付したり、被災した四つの区あての救助金（計四百円）の分配を引き受けた。

ユニークな活動としては「郵便配送ひのきしん」がある。この活動の詳細は不明だが、東本で郵便を預かり、舟で各地に配送したという。

この大水害以降、東本では木舟を常備するようになった。もとより、こうした備えと気配りは、単身上京して本教有数の教会をつくり上げた、中川《なかがわ》よし初代会長の仕込みによるものであった。

錦江《にしきえ》支教会（当時）もこの時、信者のお供えで舟を二艘つくった。パンなどの食料を山積みし、「天理教錦江」という旗を立て、寺門《てらかど》きみ初代会長を先頭に向島《むこうじま》方面で救援活動を行った。舟が細型であったため、辻々《つじつじ》まで漕《こ》ぎ入れることができ、屋根の上で救いを求める人々に食料を渡して大いに感謝された。これがきっかけとなり、多くの人が入信したという。

各地の難儀に目を向け

東京は、翌四十四年にも、さらには大正六年（一九一七）にも大水害に見舞われた。これらの大水害では、それまでに培われた被災地での救援活動の経験が生かされた。教会本部と婦人会から義援金や慰問品の提供を受けたことはもとより、被災地・東京でも、教務支庁をはじめ東大《あづま》教会、日本橋大教会、東本分教会などが率先して救援活動を繰り広げた。

教務支庁では、水害の際に最も窮乏するのは衣類と考え、大正六年九月末の「関東地方暴風雨」のときには、古着の配付をただちに決定するなど、被災者のニーズを敏感につかんで行動に移した。集めた衣類は、一万六千二百八十点の多きに上った。東京青年会はこれをすべて整理し、三日かけて配った。同様の活動は、東大教会などでも行われた。

当時、教務支庁が管轄したのは、東京府およびその周辺四県であり、ここを中心として教友の「つながり」と「たすけ合い」の精神が醸成《じょうせい》されていったようである。明治四十四年四月、東京の一大遊廓《ゆうかく》である新吉原《しんよしわら》で大火が発生した際、教務支庁では、おぢばと同額の三百円の義援金を拠出した。

東京教区によるたすけ合いの行動は、関東地方内だけにとどまらなかった。大正三年には鹿児島の桜島で大噴火が起こり、他方、東北地方では前年の冷夏による飢饉《ききん》で食料に窮していた。東京教務支庁では、南と北に離れた両地域の救援のために、管内の教会に呼びかけて義援金と日用品の入った慰問袋を募った。とくに、東北地方へ発送した慰問袋は、一万個を上回る数に上ったという。

このように、東京における救援の視野は、広く全国各地の難儀へと向けられるようになったのである。そして東京は、運命の大正十二年九月一日を迎えることになる。

第三章　関東大震災　大正12年

大正十二年（一九二三）九月一日の正午前、相模湾《さがみ》北部を震源とするマグニチュード7・9の大地震が発生した。

すさまじい激震は関東全域を揺るがし、また直後に各地で発生した大火災のために、東京・横浜の二大都市は焦土と化した。空前絶後ともいえる被害により、この大地震は以後、「関東大震災」と称されることになる。

地震による被害は、強烈な揺ればかりではなく、その後に起きた火災の影響によるところがきわめて大きかった。東京の場合、市内百三十四カ所から出火したうえ、その多くが旋風を伴う強い火流となって、密集した家屋を焼きつくしながら三日の昼すぎまで燃え続けた。この大火災のために気温が上昇し、地震発生当日の夜半には摂氏46度にまで達したと報告されている。

逃げまどう人々は広い空き地などに避難したが、不幸にも、そこで火炎に包まれて多数の焼死者が出た。とりわけ凄惨《せいさん》だったのは、当時二万四千坪の広大な空き地となっていた本所区（現・墨田区《すみだ》）の旧陸軍被服廠《ひふくしょう》跡地であり、ここだけで、大旋風を伴う激しい火災により三万八千人の命が失われた。

また、震源地に近い神奈川県では、横浜や横須賀をはじめとする各都市が一瞬にして壊滅的な打撃を受け、火災がさらに追い打ちをかけた。被害は一府六県に及び、被災者も人口の三割近い約三百四十万人に上った。東京市で人口の七五パーセント、横浜市では九三パーセントが被災したのである。

死者・行方不明は十四万二千八百人を超え、家屋の全半壊が二十五万四千五百戸近く、焼失家屋は四十四万七千戸を数えた。また交通、通信、電気、ガス、水道などのあらゆる公共機関の損害も甚大だった。関東大震災は、わが国の地震観測史上、最大の激甚《げきじん》災害であると同時に、首都を突然襲った大災害であったことから、政治や経済、社会に対する影響にも計り知れないものがあった。

灰燼に帰した帝都

第一報を受けて

地震の第一報が天理教教会本部のある〝おぢば〟に届いたのは、翌二日のことである。それは、朝の新聞号外によってであった。号外は、帝都が大地震のために壊滅状態になったことを告げていた。折しも教祖《おやさま》四十年祭を三年後に控え、全教挙げての年祭活動が繰り広げられている時期だった。

東京教務支庁長の梶本宗太郎本部員は、たまたま教会本部に帰っており、同じくおぢばに帰っていた上原義彦《うえはらよしひこ》東大教会長と共に、ただちに中山正善《なかやましょうぜん》二代真柱*に事態を報告したところ、「すぐにでも上京せよ」とのこと。しかし、いましも本部玄関を出ようとしたとき、梶本本部員は後ろから呼び止められた。

*当時はまだ十九歳（数え年）で旧制大阪高等学校の学生であった。二年後の大正十四年四月に管長就職奉告祭が執行された。

このような大事にあっては、まず緊急対策を立てたうえで、教会本部として行くように、という二代真柱の判断だった。

この日の午前、急きょ全本部員が招集され、臨時の本部員会議が開かれた。

その結果、まず先発隊として慰問使の派遣を決定、午後には早くも出発した。東京方面には、松村吉太郎《まつむらきちたろう》本部員をはじめとする幹部数人（翌三日には、第二陣として増野《ますの》道《みち》興《おき》本部員ほか数人も加わる）、また静岡・伊豆《いず》方面へも本部員が出発した。

このとき、教会本部は、緊急罹災救恤《りさいきゅうじゅつ》資金などから六万円を義援金として拠出し、慰問使にそれぞれ携行させている。

東海道線は、静岡以東は不通状態だった。梶本・松村両本部員の一行は、別々の汽車に乗り、名古屋から中央本線回りで東京入りをめざした。翌三日の朝、ようやく群馬の高崎《たかさき》駅まで着いたが、そこから先の汽車のダイヤは大きく乱れていた。車内で聞いた話によると、米やろうそくなどを持っていかなければ被災地には何もない、ということだった。東京一帯に戒厳令が敷かれたことも途中で知った。

そこでいったん下車し、前橋《まえばし》教務支庁に連絡して、白米十俵をはじめとする食料や日用品などを積んだトラックを調達した。四日早朝、松村本部員らはまず東京教務支庁に到着、ただちに救援態勢に着手した。支庁内には三、四百人の避難者がすでにいたが、その後も続々と詰めかけてくるような状態であった。夕暮れも過ぎたころ、梶本本部員も到着した。

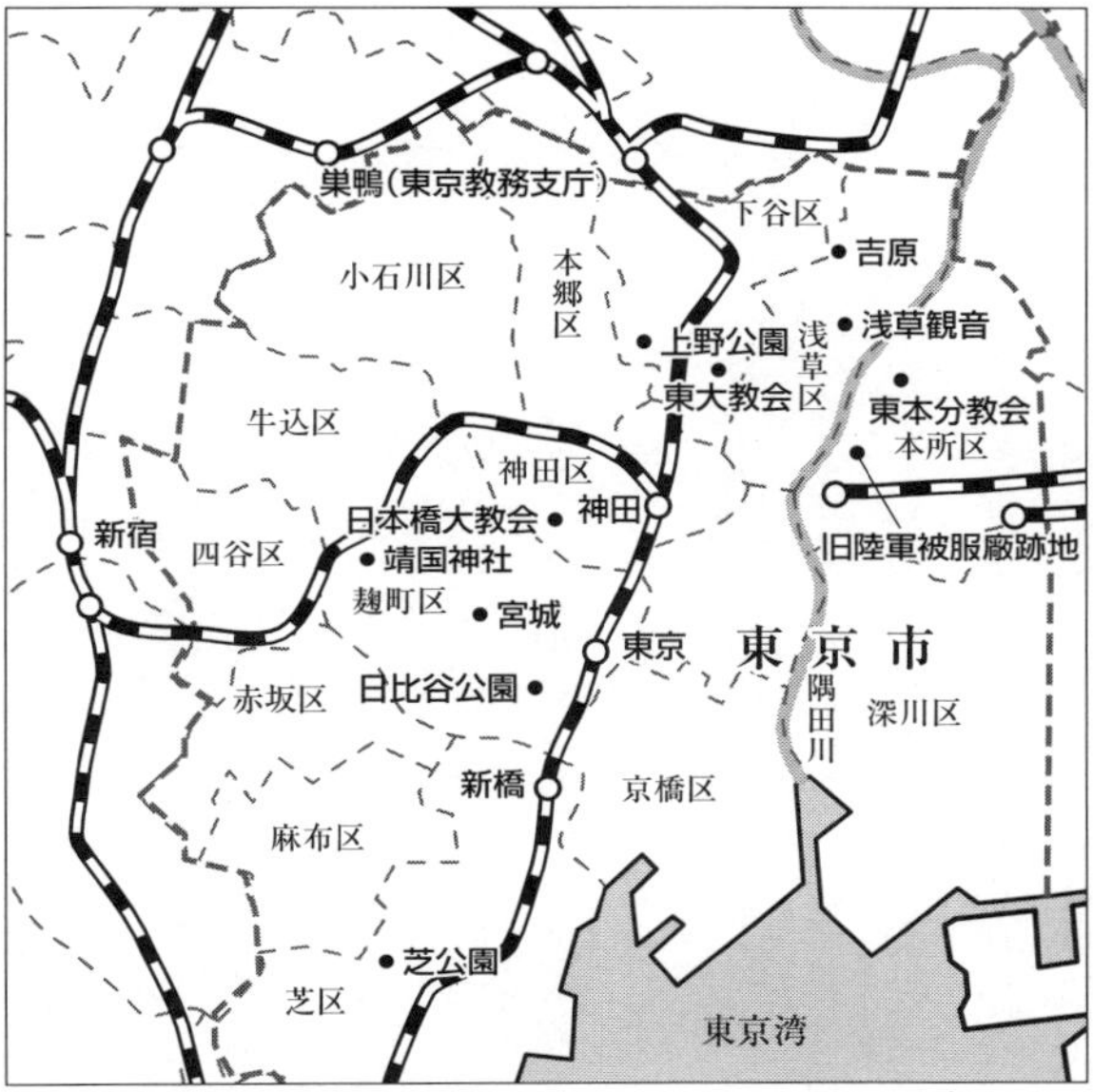

立教の精神に鑑み

一方、教会本部では、三日にも本部員を再度招集、二代真柱を本部長とする天理教臨時震災救済本部を設置し、その出張所を東京出張所に置くと決定した。また、教内に向けて広く義援金を呼びかけることとなった。このとき『諭達《ゆたつ》第十四号』が発布され、本教が全力を挙げて救援活動に取り組む旨を宣言したのである。*

＊『諭達第十四号』は九月三日、管長職務摂行者《せっこうしゃ》である山澤為造《やまざわためぞう》の名で出された。その全文は次の通り（句読点を適宜補った）。

「今次関東地方ニ於《お》ケル震災並《ならび》ニ火災ハ、未曾有《みぞう》ノ凶事ニシテソノ惨禍《さんか》ノ絶大ナル洵《まこと》ニ痛恨ニ堪《た》ヘザル処《ところ》ナリ。コヽヲ以《もっ》テ、本教ハ直《ただち》ニ臨時救済本部ヲ組織シ、極力コレガ救援ノ道ヲ講ゼントシテ、義捐金《ぎえんきん》募集ノ意ヲ普告《ふこく》セリ。然《しか》モ幾十万ノ罹災者《りさいしゃ》ハ今ヤ饑餓《きが》ニ瀕《ひん》セントシテ、殆《ほとん》ド一刻ヲ緩《ゆる》ウスベカラザルモノアルヲ聞ク。冀《こいねがわ》クハ教祖立教ノ精神ニ鑑《かんが》ミ、救済本部ノ主旨ヲ体シテ、万遺憾《ばんいかん》ナカラシメンコトヲ」

この日、奈良県知事が県の内務部長と警察部長を伴って教会本部を訪れた。震災救援について、天理教として可能な限りの対策を講じていただきたいという要望を伝えるためであった。すでに、本部としては全教挙げての救援を開始していることを聞き、県知事一行は、その迅速な活動に感嘆して帰庁したという。

なお、教会本部が教内に呼びかけた義援金の総額は、五十万円にも上るものであった。当時の『道乃友』の記事によれば、このことは新聞にも掲載されたとあり、ある有力な仏教教派などは、当初わずか一万円を出していたのみであったため、この報道後、あわてて四十五万円の拠出を決めた。

このようなエピソードからも、本教がいかに他教団に先駆けて迅速かつ大規模な救援活動を展開していったかがうかがえる。

地震の翌日から炊き出し

そのころ、東京の教会や教友は、どういう状況であったのか。

震災直後に発生した大火災のため、東と日本橋の両大教会は全焼、主だった分教会、支教会や宣教所の多くが全半焼、全半壊などの被害を受けた。その数、二百数十カ所余りに上った。奇跡的にたすかった教会長や信者も数多くいたが、犠牲になった人も少なくなかった。（⇒32ページ・コラム「震災での霊救体験記録」）

不幸中の幸いにして、教務支庁の建物は無事であった。信者はもとより一般の被災者たちも、地震発生当日から続々と避難してきた。*

*東京における主な避難地としては、例えば次のような場所があった（カッコ内は避難者の概数）。上野公園（五十万人）。宮城（皇居）外苑（三十万人）。東京駅前（十万人）。浅草観音境内（七万人）。日比谷公園、芝公園、靖国神社境内（各五万人）など（『大正震災志』〈上巻〉による。これらは、いずれも延べ人数である）。

翌二日未明より、教務支庁に逃げてきた人々への炊き出しを開始した。また、庭に七十坪の大テントを張り、上敷き六百枚を敷き詰めて避難所とし、教務支庁の建物を被災者の保護・収容のために全面開放した。教務支庁内は一時、立錐《りっすい》の余地もないほどの状況であったという。

政府も地震発生後、矢継ぎ早に震災対策を打ち出した。二日午後には臨時震災救護事務局を設置。また罹災《りさい》救助資金として、百五十万円を拠出することを決めた。折から成立した山本権兵衛内閣のもとで非常徴発《ちょうはつ》令が公布され、被災者のために当座の食料や建築材料の確保をはかった。*

＊政府はまた、当時の大財閥に対して義援金を拠出するよう交渉した。その結果、岩崎家と三井家は五百万円、安田家は三百万円、大倉家は百万円など巨額の義援金を出すことになった。これらに先立って三日、皇室から御内帑《ないど》金一千万円が下賜《かし》された。

その後、政府では六日に「治安維持令」「暴利取締令」「支払猶予令」のいわゆる〝三大緊急勅令〟を議決し、その日のうちに発令した。

しかし、火災は依然として広がり続け、通信・交通網も途絶して、帝都は混乱を極める一方だった。このころから東京市内とその近辺ではデマが飛び交い、いわれなき暴動の嫌疑を受けた多くの朝鮮人が虐殺されるという悲劇的な事件も発生している。

このような不穏な状況のもと、陸軍当局は帝都の治安維持のために近衛師団と第一師団に警備に当たらせていたが、被災範囲が拡大するにつれて、五つの師団の歩兵隊や工兵隊にも次々と出動を命じた。

戒厳令下の初動

地震発生の翌日、政府は東京市に戒厳令を施行。三日には中央警備機関として関東戒厳司令部が設置され、四日になると戒厳令の及ぶ地域は東京府と神奈川県全体にまで拡大、七日には埼玉県と千葉県にも敷かれた。

関東大震災では、全教挙げて救援活動を展開。写真は、
埼玉から救援物資を運ぶ信者たち（大正12年9月）

出動した兵士は約五万二千人に上った。歩兵や騎兵や砲兵の各隊は、混乱した秩序の回復と治安維持に努め、工兵、鉄道、通信の各隊は破壊された道路や橋を修復したり、鉄道や電信電話の復旧に従事した。また海軍は、軍艦を出動させて物資を運搬したり、関西方面へ向かう被災者を便乗させたりもした。

戒厳令下では、教務支庁の周辺でも、夜間は許可証がなければ通行できない状態となった。梶本本部員などは、このような不穏な情勢のもと、沿道の自警団の監視の目をくぐりぬけて教務支庁入りしたのだった。

日はとっぷりと暮れているというのに、広い教務支庁内は電燈も灯《とも》らず、数カ所に掲げられた提《ちょう》灯《ちん》がわずかに周囲を照らしているだけであった。もちろん、食べることにも事欠く状況だった。まだこの時には、政府からも東京市からも避難者に対して直接的な救済策は講じられていなかったのである。

梶本本部員がたどり着いたときには、着の身着のままの被災者が皆抱きついて泣き崩れるばかりであったという。しかし夜半には、先に手配してあったトラックも到着したので、期せずして大歓声がわき上がった。ろうそくを一斉に灯し、炊き出しを開始した。

COLUMN

震災での霊救体験記録

関東大震災で奇跡的にたすかった信者の記録が、震災後早くも一カ月半のうちに編集《へんしゅう》されて刊行されている。天理教よのなか社編輯部編『大震災霊験談』第一輯（天理教東京教務支庁救護団、大正12年10月18日発行）では、教信者による十一の奇跡的な霊救体験が報告されている。

三万八千人もの犠牲者が出た本所の旧陸軍被服《ひふく》廠《しょう》跡地で、ある信者は「なむ天理《てんり》王命《おうのみこと》、なむ天理王命」と唱えて地面にうつ伏せになっていたために生き残った。ある宣教所長夫妻は、やはり大勢の人々が命を落とした吉原公園で、濡《ぬ》れ布団を被《かぶ》って神名を一心に唱えていると、旋風に巻き上げられたトタンが落ちてきたため、これで火の雨を防ぐことができた。また、ある教会長は〝御分霊《ごぶんれい》〟を抱えて永代橋《えいたいばし》を渡った直後に橋が墨田《すみだ》川に焼け落ち、すんでのところで命びろいをした等々。これらの話は、当時の『道乃友』にも紹介されている。

梶本本部員も、その手記（橋本正治編『梶本宗太郎自叙伝稿』）の中で、まだ焼死体が重なっていた被災地を歩いていたとき、被服廠跡地で奇跡的にたすかったという信者に偶然出会った体験を語っている。

ところで、梶本本部員の手記によれば、のちに東京教務支庁内で「震災展覧会」が開かれたとある。そこで出品された展示物は、まさに親神様による不思議なご守護の証そのものといえた。たとえば、一つの八足《はっそく》が展示された。これは、地震で倒壊したある宣教所の家族が、とっさにその下に頭を突っ込んだため圧死を免れたというものであった。この八足は、貧しい大工が真実をこめて作ったものだという。

また、半分焼けた櫛《くし》もあった。それは迫りくる炎の中、水につかりながら、ひたすら心の中で神名を唱えていた女性が頭に差していた櫛であった。この女性は、櫛と頭髪を少し焼いただけで、命はたすかったのである。

関東大震災のときは、このような霊救体験があちこちで語られていた。しかし、先述の『大震災霊験談』は、第一輯が出版されただけで終わっている。私見であるが、それは二つの理由があったからではないかと思う。

一つには、不思議なたすけがあった一方で、尊い犠牲も少なくなかったことが挙げられる。同書の巻末にある罹災信者の統計によると、死者・行方不明は千八百三十一人の多きに上っている。人間心を超えた神意は、決して軽々に語り得るものではない。

二つ目として、震災の混乱状態がある程度収まったあと、人々の心はむしろ前向きに被災地の復興や新たな布教開拓をめざして積極的に動き始めたことも、大きな理由として挙げられよう。そうした機運の中では、自分はたすかったが、あの人はたすからなかったというような、神意をあれこれ推測する後ろ向きの姿勢も、ある程度は乗り越えられたのではないだろうか。

これを在庁の被災者に配給するとともに、さらなる救援活動の準備に取りかかった。

地震発生から三、四日の本教の初動態勢は、こうして迅速に進められていったが、このあと、いよいよ本腰を入れた救援活動に乗りだしていくことになる。

本格化する救援活動

婦人会と青年会の動き

おぢばでは、天理教臨時震災救済本部の意向を受けて、婦人会や青年会も動きを始めた。

婦人会本部では、多くの被災者が着の身着のままで、布団もない状態を憂慮し、何よりもまず衣類を送ることが急務であると判断した。九月四日、関西の各支部に役員を派遣し、収集した衣類などを各教務支庁から発送するよう伝達した。

翌日には早くも梱《こうり》二十八個分の衣類などを、奈良県経由で東京市長あてに発送し、以後も救援物資の収集と発送に明け暮れた。婦人会本部に集まった毛布・衣類だけで約六万点、梱の数にして百五十を数えた。

一方、青年会本部は五日に役員会議を開き、さまざまな救済方法を検討したが、青年としては体を使って復旧のために奉仕することが最も良いと考え、三百人の作業員募集を決議。その日のうちに全分会へ依頼状を発送した。

ところが、翌日になって、青年会の役員が奈良県庁へこの件で打ち合わせに出向いた際、被災地の混乱状況などを理由に、内務省から入京差し止めの指示が出ていることを知った。やむなく作業員の派遣は中止となり、青年会はその代わりとして、一万円を救済本部に寄託し、のちに五万円の寄金も決めた。

婦人会本部は、関西の各支部に役員を派遣して衣類を集め、梱に詰めて被災地へ送った（現・奈良県天理市）

実際、戒厳令下では、軍部による治安維持のため、民間の救援活動はかなり制約されていた。東京近辺に集結した軍隊は六個師団の規模になり、街角では武装した兵士が見張りに立っていた。さらに、こうした治安維持のみならず、復旧活動のハード面でも、やはり訓練された人員が揃《そろ》い、装備が整った軍隊が主役となった。

これに対して、民間救援のほうは、むしろ被災者たちへの救護・支援というソフト面で盛んであった。そのような民間活動の一翼を担った天理教についても、内務省社会局の編集による政府の公式記録『大正震災志』（大正十五年）の中に、ほぼ一ページを割いて記載されているのである。（⇩40ページ・コラム「『大正震災志』より天理教の救援活動記録」）

教務支庁が臨時避難所に

本教による一般被災者への救援活動は、九月五日から始まった。東京教務支庁ではこの日初めて、約一石のにぎり飯をトラックに積み、丸《まる》の内《うち》、日比谷《ひびや》、芝《しば》・増上寺《ぞうじょうじ》や銀座《ぎんざ》を経て、上野《うえの》付近の被災者に配布した。翌日も荷馬車で、上野、雷門《かみなりもん》、厩橋《うまやばし》方面へにぎり飯を配った。この時点では、官庁関係や軍隊、警察の活動ばかりが際立っており、本教以外に組織だった民間の救援は、まだ動いていなかったようである。

この間も、教務支庁には続々と被災者が押し寄せてきた。一度に千二百人以上もの被災者を受け入れた時期もあり、九月一日の震災発生から十月二十日までの延べ収容人員は、二万二千三百六十人に上った。これは一般の避難所と比べても、遜色《そんしょく》のない規模であったといえる。

九月十五日には、教務支庁のある巣鴨《すがも》町の町長が町会議員を伴って来庁。本教の目ざましい救援活動に感謝の言葉を述べるとともに、伝染病が発生したときのための救護用施設を建てるため、支庁前広場の借用を要請してきた。教務支庁はこれを了承した。結果として、心配された伝染病は、支庁内で発生しなかった。臨時の救護所の一つとなった教務支庁には、宮内省（当時）の救療班が巡回。妊婦や病人の診察が行われたほか、同省を通じてミルクの配給を受けるなど、保健医療の便宜《べんぎ》もはかられた。

さらに、支庁内に置かれた救済出張所には、臨時職業紹介および人事相談の部署が設けられ、生計や今後の暮らし方についての〝よろづ相談〟を受け付けた。ここでは、一般の仕事を斡旋《あっせん》しただけではなかった。なかには、おぢばのご用につく人や、布教専従の決心を固める人もいるなど、被災信者のその後の生き方は実にさまざまであった。

見舞金と義援金届ける

教会本部から持参した義援金は、九月六日には東京、七日には神奈川の諸官庁へ、それぞれ本部員が手分けして寄贈した。その内訳は、東京市一万五千円、東京府三千円、横浜市と神奈川県は各二千円であった。

また被災した教会にも、それぞれ見舞金を届けた。その後も教内の被害状況を把握するため、被災した教会と信者の調査を行い、衣類と食料の分配に努めた。天理教臨時震災救済本部から出された「関東大震災に対する応急救助方法」は、これらの義援金や見舞金などの取り扱いや、また被災者の救援方法などについて詳細に取り決めているほか、同本部東京出張所では、被災信者の実態を把握するため、広く調査を呼びかける通達を出している。[*]（⇓48ページ・コラム「関東大震災に対する応急救助方法」）

＊『道乃友』四〇三号（大正12年12月5日発行）では、「関東地方震災義捐金《ぎえんきん》処決報告」として次のような最終報告を載せている。義捐金之部では、府県庁などの各官庁に中山正善二代真柱ないし教務支庁名義で委託した金額が四十七万七千九百六十一円九十銭、天理教臨時震災救済本部から同東京出張所へ救護費として贈った金額が二万円、総計は四十九万七千九百六十一円九十銭に上っている。また義捐衣類之部では、天理教臨時震災救済本部ほか、いくつかの教務支庁および大教会から寄せられた衣類が十四万千六百二十三点、見積価格にして十万二千六十七円二十一銭となっている。

こうした救援活動について、『道乃友』はもとより、東京教務支庁で当時刊行されていた機関紙『よのなか』（発行は天理教よのなか社、月二回刊行）において詳細に記録されている。とくに『よのなか』では、地震発生日の九月一日から約一カ月間の救済日誌（天理教臨時震災救済本部東京出張所発表）が三回にわたり克明に紹介されている。これは、被災した当該教区が書き残した、たすけ合いと救援活動についての貴重な報告である。

また忘れてならないのは、関東近辺の教区や教会からの援助と後方支援である。『よのなか』紙によると、前橋教務支庁では、三日午前一時すぎに白米十俵を積んだトラックを東京教務支庁へ派遣している。このほか、近隣諸県の教会や宣教所からも多くの義援金や救援物資が寄せられていたことが、同紙の記録から分かる。

〃接待〃という名の救援

ところで、本教の救援活動の特徴は、〃接待〃という言葉と形をもって行われた点にある。たとえば九月十一日からは、天理教ののぼりを立て、浅草橋《あさくさばし》交差点や神田須田町《かんだすだ》、上野、芝《しば》・金杉《かなすぎ》町で麦湯の接待を行った。芝・金杉町では、警察から薪炭《しんたん》を支給されたり、町内から給仕の手伝いを受けるなど、地元の協力を得て、十月四日まで続けられた。これらの接待は、平均して一カ所につき一日一万人を数えた。

また、慰問隊を組織して、サツマイモや桜紙（ちり紙）などを数台の荷車に載せ、九《く》段《だん》方面、日比谷《ひびや》、宮城前広場、新吉原《しんよしわら》付近など、被災者の集まっている地域まで出向いて配付した。こうした地域では、大勢の被災者が配給を求めてやって来たので、警察が混雑防止のために監視や整理を行った所もあった。

九段方面では、愛国婦人会や小学校などに避難した被災者たちを訪問したり、日本赤十字病院出張所にも出向いた。これらの場所では、桜紙の配給はとくに喜ばれた。また、各所で教内の有志たちも立ち上がり、荷物の運搬や後片づけなどに従事した。

さらには、九月二十一日から、日本橋大教会の焼け跡地に「鉄砲風呂《てっぽうぶろ》」二基を据え、〃接待風呂〃と称して湯を振る舞った。地震の発生以来、入浴すらままならなかった被災者たちにとって、この思わぬもてなしは大いに喜ばれたという。利用は正午から午後四時までが女子、午後四時から九時までを男子とした。一日平均四百人を超える入浴者

COLUMN

『大正震災志』より天理教の救援活動記録

内務省社会局編『大正震災志』（大正15年2月、上下二巻）は、関東大震災の浩瀚《こうかん》な報告書である。天理教の救援活動記録は、下巻（外篇）の第五篇「各種団体の救護状況」第七章「宗教団体並《ならび》に社会事業」の中で第二「神道」の部（12）「天理教」として登場する。以下は、その全文である。詳細かつ正確な内容と、その文体からして、天理教側でまとめられた報告ではないかと推察できる。〔一部の漢字をひらがなに改め、現代仮名遣いとし、また適宜改行した〕

（12）天理教

奈良県下における本教教庁内に臨時震災救護《ママ》本部を設け、東京にその出張所を置き、とりあえず金二万円を送付して救護費に充て、教務支庁建物を全部開放し、別に大天幕を張り、上敷六百枚を敷きつめ、約八百人の罹災《りさい》者を収容し、これに飲食を供し、その十月二十日までにおける延べ人員二万二千三百六十人を算した。

九月五日、丸の内・日比谷・芝公園・銀座の四か所において、翌六日、上野・雷門・厩橋の三か所において炊き出しを為《な》し、各四石のにぎり飯を配与した。上野公園・須田町・厩橋・芝金杉の四か所に、五日ないし二十日間、麦湯接待所を出《い》だし、入来《いりく》る者にさつま漬物等を配与したが、各所一日の接待数平均八千人、延べ人員四十七万人にのぼった。横浜市太田町・蒔田《まいた》町の二か所でも同様に為した。

九月二十日、日本橋教会跡に接待浴場を設け、鉄砲風呂三槽を据えつけ、午前九時より午後八時まで沸《わ》かして、避難者の便に供したが、一日平均六百人の入浴者があり、十月二十日までの入浴者一万八千人を算した。

部内の教会をして義捐《ぎえん》金を全信徒より募集せしめ、これを各官衙《かんが》に委託して罹災者へ配付を請うた。その金額が本教管長名義をもってせるもの四十七万三千八百六十五円、ほかに地方支庁の名義をもってせるもの合計一千四百二十二円にのぼった。

本教臨時救済本部・高安《たかやす》・河原町《かわらまち》・船場《せんば》・芦《あし》津《つ》・兵神《へいしん》の教会及び東京教務支庁にて取り扱った寄贈の衣類はその数七万五千六百四十三点（この見積価格九万五千四百五円）で、このほか地方の教務支庁より各地方庁への委託寄贈品は十四万一千六百二十三点（この見積価格十万二千六十七円）を計上する。右衣類の募集は主として本教婦人会の斡旋《あっせん》募集に係《かか》わるものである。

被服廠《ひふくしょう》跡をはじめ各地の挙式には、つねに教師三名を派遣して懇《ねんご》ろに弔祭せしめた。


があり、三日目以降はさらに一基を加え、三基の風呂で接待奉仕を行った。これは十月二十日までの一カ月間にわたって続けられ、利用者は延べ一万八千人に及んだ。

こまやかな心配りで

救援が遅れていた神奈川県にも、九月末から本教の救援隊が入った。横浜市内では、麦湯の接待が行われたほか、〝代書所〟を設けて手紙などが書けない人のために代書奉仕も受け付けた。また、政府からの救助米が止まった横須賀方面の食料不足を補うべく、九月二十七日、東京教務支庁から白米二十俵、サツマイモ二十俵、味噌《みそ》一樽《たる》などを発動機船に満載し、芝浦港《しばうら》から海路を経て浦賀港《うらが》へと運んだ。

なお、東京から地方へと避難していく人々についても、教会本部では信徒詰所や養徳院《ようとくいん》を開放したり、天理中学校などに被災学生の転入学を許可するなどして受け入れ態勢を整えた。

さらに、天理教臨時震災救済本部は、おぢばでは千人程度の受け入れが可能であることを、関係官庁あてに通達した。神戸では、海路で来た被災者に対して、兵神大教会《へいしん》を中心とする当地の教友で組織した「天理教救護団」が九月十一日から二週間、港にテントを張り、道案内や手荷物の運搬をはじめ、衣類などの救援物資の配付を手伝った。こうした活動には、神戸近辺の各教会から八百十人が〝ひのきしん人夫〟として携わった。また、身寄りのない人々には、教会が一時的な宿を提供するなど〝底なしの親切〟に徹した。

未曾有《みぞう》の大震災という極限状況にあっても、被災した人々の身になって接遇するこまやかな心配りこそ、ひのきしんの態度に基づく災害救援活動であり、お道ならではの互いたすけ合いの真骨頂なのである。

廃墟から立ち上がる人々

関東大震災後の世相

大震災がもたらした人的・物的損失は大変なものであった。地震による建物や道路の損壊、山崩れや津波の発生、各地で発生した火災による市街地の焼失、さらには整備が進みつつあった水道、電気、ガスなどの都市施設も軒並み壊滅的な打撃を受けた。内務省は官民の損害総額を五十五億六百三十八万円と見積もったが、当時の国民総所得が百三十億円というから、その損害の大きさが分かる。壊滅状態になった首都の復興事業費として、政府は四億七千万円を拠出した。しかし、これは財政政策の不首尾と相まってさらなる不景気を生むことになり、昭和初期の金融恐慌の遠因となっていくのである。

こうして震災前と後では、時代相が一変していくのだが、庶民は廃墟《はいきょ》の中から立ち上がり、たくましく生きようとした。震災から一カ月もたたないうちにバラックの仮住まいが各所に建ち並び、東京を離れた人々も日を追って戻ってきた。

しかし不穏な世相ゆえ、人心の動揺や反社会的事件も相次ぎ、単なる物的な意味での復興だけでなく、国民精神の立て直しが強く求められた。このような社会の動きは、震災後の本教の対社会的活動および教内への姿勢にも少なからず影響を及ぼした。

精神的救援に全力

十一月十日には、摂政裕仁《ひろひと》親王（のちの昭和天皇）名で「国民精神作興《さっこう》に関する詔書《しょうしょ》」が発布された。その内容は、浮華《ふか》放縦《ほうじゅう》を改め質実剛健の精神へと立て直そうとするものであった。内閣はこれを受けて、国民思想の善導を宗教関係者にも依頼した。本教では、とくに青年会本部が中心となり、教内外に向けて国民精神作興の講演会を全国で展開することになった。

なお、東京教務支庁では同月十三日に、梶本宗太郎および松村吉太郎の両本部員が、「震災後における教徒の覚悟」と題した連続講演を行った。この中で、当座の緊急物的救援を主眼とした天理教臨時震災救済本部と、その東京出張所の役目は完了したとして、以後は教会本部を中心として精神的救援に全力を尽くすことが表明された。翌大正十三年三月、中山正善二代真柱は東京・横浜方面の被災教会を巡察され、また全焼・全壊教会の教会長百七十五人と面会された。

震災後、教内では〝横〟のつながりとたすけ合いの必要性が強く認識されるようになった。すでに大正初期から横浜や三多摩《さんたま》地方、埼玉県入間《いるま》郡などで教友会が組織されていたが、大正十年の教祖《おやさま》四十年祭の提唱や教勢倍加運動の展開とともに、より広範な地域での教友の連帯と団結が求められ、その意識は震災後ますます高まっていったのである。その結果、東京教務支庁の管轄下の一府四県にまたがる教友会が発足することにな

大震災で出直した神戸出身の布教師のため、慰霊祭が行われた（大正13年３月、神戸市。写真提供＝久保正邦氏）

った。発会式は、震災からちょうど二年目の大正十四年九月一日、東京教務支庁で挙行された。

復興気分に満ちた東京には続々と人々が戻り、全国から労働者も上京。そして本教でも、以前にも増して全国から布教を志す者が集まってきた。彼らは教務支庁を中心に自主的な集まりの会をもったが、その会は二代真柱によって「親の日会」と命名された。

この会には教会長は加わらず、道の先輩が後輩を親身になって教示・指導するというものだった。布教師たちは、教務支庁の朝夕のおつとめに参拝し、その折に在庁の道の先輩から教理の仕込みを受けるのだった。

また、遠く離れた神戸でも、東京方面で出直し（死去）した神戸出身の布教師や信者のために慰霊祭が執り行われ、これを機に神戸教友会が発足したのである。

さらに、震災救援で培われたたすけ合いの精神は、東本分教会の「六踏園《ろくとうえん》」のように、さらなる対社会的な貢献へと芽吹いていくものもあった。

震災後、親や家を失った子どもたちが巷《ちまた》にあふれた。

東本の中川庫吉《なかがわくらきち》二代会長は、その窮状を見かねて、彼らを東本経営の調布《ちょうふ》農場で保護した。それはやがて、司法保護団体「六踏園」としての本格的な開園（大正十五年十月）につながるのである。

天譴か試練か

関東大震災では、教内でも奇跡的にたすかった人々がいる一方で、命を落とした教友も少なくなかった。霊験談が語られるとともに、尊い犠牲になった人々にも手厚い慰霊がなされた。

この慰霊祭について、本教は他宗に先駆けて執り行ったことも忘れてはならないだろう。ある教会長は、かなり早い時期から旧陸軍被服廠《ひふくしょう》跡地で弔辞を読み上げ、焼死者の霊《みたま》を慰めたばかりか、「無料にて殉難《じゅんなん》慰霊祭を行う」という旗を掲げて慰問隊を組織し、吉原、浅草、上野、日比谷、芝などの各公園で慰霊祭を行った。

また、天理教臨時震災救済本部東京出張所からも、九月十一日には同じく被服廠跡地など、多くの犠牲者が出た場所に弔祭使を派遣した。横浜市内でも、正金銀行や本願寺前など八カ所で慰霊祭を執行した。横浜では初めて、本教による弔祭使の哀音と弔詞が聞かれたとも伝えられる。

教内では、突然の大震災という形で見せられた神意をいかに悟るべきか、さまざまな意見や主張が出された。そうした議論の一方にあるのが、天譴論《てんけんろん》である。これは、天災とは人間に対する天の怒りであり懲《こ》らしめであるという意味である。たしかに、「おふでさき」の中にも「かみなり〔雷〕もぢしん〔地震〕をふかぜ〔大風〕水つきも　これわ月日のざねん〔残念〕りいふく〔立腹〕」（八号58）というおうたがある。

しかし神の「残念・立腹」は、人間のそれと同じものではないはずである。人間のレベルで神の意思をあれこれ推測はできるが、それがどこまで妥当であるか否かは分からない。明治二十四年の濃尾地震の際の「おさしづ」でも、地震それ自体にいかなる神意があるのか、とくに何も諭されなかった。

そもそも人間はみな親神様によって創造された子供である。可愛《かわい》い子供に対して、どうして〝親なる神〟が怒りや憎悪を抱くことがあり得ようか。神の「残念・立腹」といえども、それはつまり神の与え給う試練であり、深遠なる親心といわざるを得ない。

どんな不幸な節《ふし》であっても、そこから芽を出す〝生き節〟として人々を立ち上がらせるのが天理教の信仰である。関東大震災は、ある意味で、たすけ合いの誠を尽くすことで、結果として教信者が精神的な成長を遂げる大節でもあった。教友たちは見事にその節を乗りきった。被災した教会もまた、東京の地を離れることなく、バラックからの復興と再建に雄々しく乗りだした。出直された人々は、尊い犠牲となったのである。

〝世直りの旬〟の機運

「教祖四十年祭は〝世直りの旬〟」という機運は、震災の試練を経ることで一層教内にみなぎっていった。震災前から打ち出されていた教勢倍加の方針によって、教会設立や別科（現・修養科の前身）生は急増。大正十年には四千二百三十一カ所だった全教の教会総数は、年祭の年の十五年には九千八百九カ所へと、文字通り倍増した。

東京府の教会数を見ると、二百三十八カ所（十年）から七百二十六カ所（十五年）へと、その伸びは三倍強を記録した。これは、東京在住の教信者の奮闘によるものだけではなく、地方の布教師の東京進出がいかに多かったかを物語っている。

大正十五年一月、教祖四十年祭が執行された。思えば本教は、震災という大節を一つの〝生き節〟として、大きく躍進したといえるのかもしれない。

COLUMN

関東大震災に対する応急救助方法

大正十二年九月三日、教会本部は臨時震災救済本部を設置し、次のような内容の「応急救助方法」を決定した。これは、本教としての具体的な救済方針を個条書きで明確に示したものである。

一、東京本部出張所ニ於《おい》テ一時罹災者《りさいしゃ》ヲ収容シ救助スルコト

他ニ避難セル罹災者ニ対シテハ臨機適当ノ方法ニヨリ救助スルコト

一、東京府及《および》東京市、神奈川県及横浜市、及静

岡県ニ対シテハ本部ヨリ罹災者救恤《きゅうじゅつ》費《ひ》ヲ
義捐《ぎえん》スルコト
一、罹災教会全焼、半焼、全倒、半倒教会ニ対
シテハ本部ヨリ見舞金ヲ送付スルコト
一、今後救助ニ対スル寄付ヲ左ノ二種ニ区別ス
第一、罹災者一般ニ対スルモノ
第二、教内教会及信徒ニ対スルモノ
第一救助ノ為《た》メ一般教会及信徒ヨリ寄付ス
ル物件ハ其《そ》ノ管轄支庁ニ取纏《とりまと》メ支庁ヨリ
直接之《これ》ヲ府県庁ニ提出スルコト
但《ただ》シ寄付物件ハ金銭及衣服トス
右ハ九月二十日迄《まで》ニ取纏メ支庁ヨリ姓名物
品金高ヲ本部ニ報告スルコト
第二救助ノ為メニ一般教会及信徒ヨリ寄贈
シタル物品ハ本部ニ及北海道、福島、前
橋教務支庁管内ハ前橋教務支庁ニ取纏メ
本部ヨリ被害教会及信徒ニ寄贈スル事
ソノ分配方法ハ本部ニ一任スルコト

但シ寄贈物件ハ金銭衣服（袷《あわせ》及綿入《わたいれ》）及
寝具トス
右寄贈期日ハ本月末日迄トス
一、罹災信徒ニシテ一時生活上困難ナルモノハ
本部ニ収容シ本部ヨリ之ヲ三島各信徒詰所
ニ分宿セシムルコト
一、災《ママ》者ニシテ父兄若《も》クハ扶養者ヲ失ヒタル遺
族ハ之ヲ本部養徳院ニ収容シ扶養スルコト
一、罹災者ノ子弟ニシテ中学校、女学校ニ就学
中ノ者ハ設備ノ許ス限リ天理中学校、天理
高等女学校ノ相等ノ年級ニ編入スルコト
一、各直轄教会ハ其ノ部下教会及信徒ノ被害状
況ヲ本部ニ通告スルコト
一、各教会ハ其ノ部下教会并《ならび》ニ信徒ヲ勧誘督励《とくれい》
シ能《あた》フ限リ迅速ニ寄付寄贈物件ノ募集ニ努
メラレタキコト
（『道乃友』大正12年9月20日号〔第三九八号〕
より）

第四章　北但馬地震 大正14年　北丹後地震 昭和2年　三陸沖地震 昭和8年

関東大震災における本教の災害救援ひのきしんは、結果として、より迅速で組織的な活動となる機運を高めることにつながった。つまり大震災以降、大きな災害が発生するや、ただちに教内にも救援本部が設けられ、臨時のひのきしん実動隊が派遣されるようになっていったのである。

また、そのたびに災害救援の実際的知識やノウハウが蓄積された。そして一般社会も、本教の救援活動に次第に注目するようになった。関東大震災後の十年間に発生した三件の地震と本教の取り組みについて、当時の状況を見てみたい。

相次ぐ地震に〝ひのきしん隊〟派遣

天理外国語学校生の出動──北但馬地震

関東大震災から二年目、大正十四年（一九二五）五月二十三日の昼前に発生した兵庫

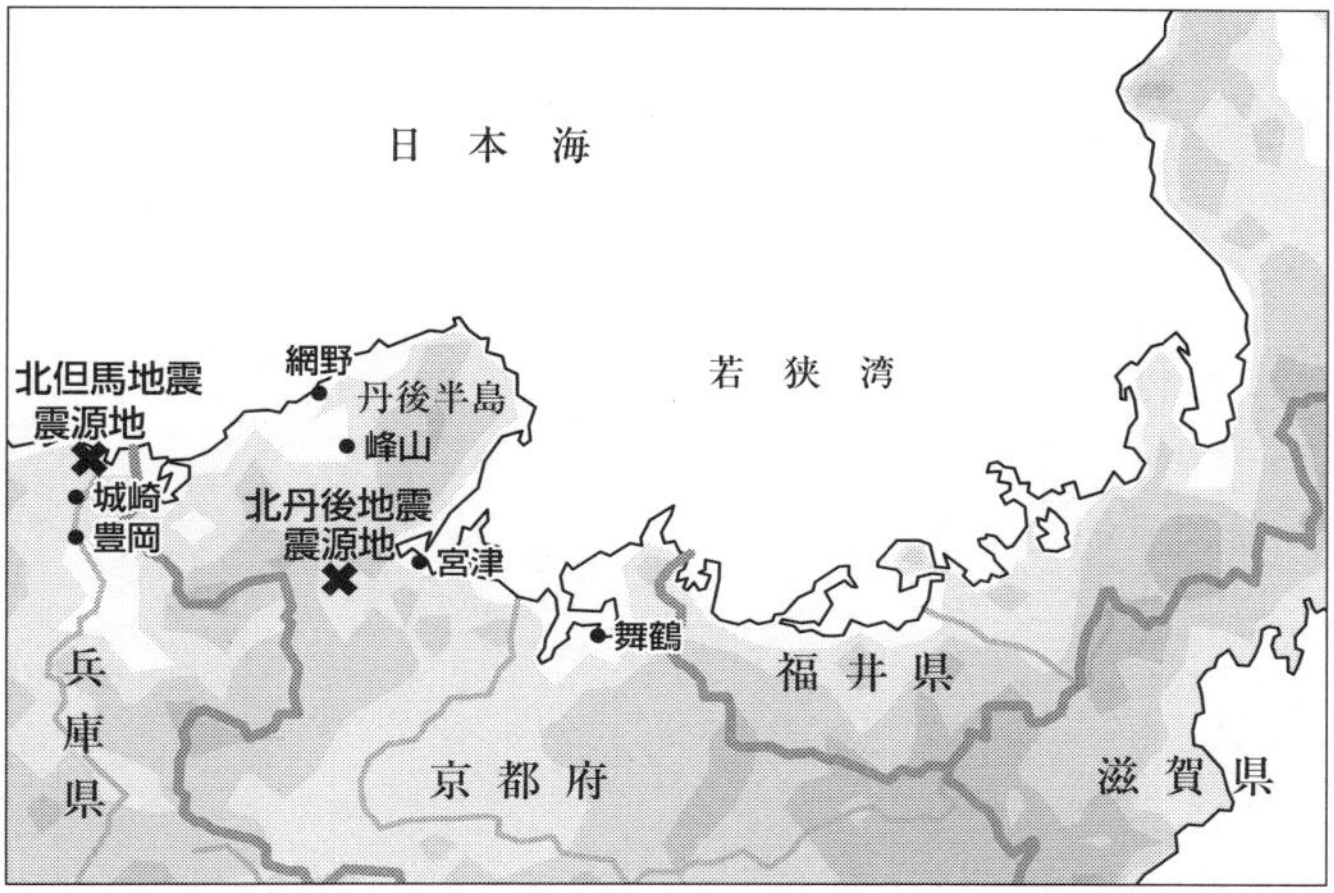

県北部・但馬《たじま》地方の地震「北但馬地震」は、豊岡《とよおか》町（当時）や城崎《きのさき》町を中心に大きな被害をもたらした。地震の規模はマグニチュード6・8、但馬地方は震度5（一部は6）を記録。死者四百二十八人、家屋全壊千二百九十五戸、全焼は二千百八十戸に及んだ。

本教は、同日の夕刻、早くも豊岡町の但豊《たんぽう》宣教所（当時）内に臨時救済本部を設置した。翌朝、教信者で組織された約百人の救援隊は、三班に分かれてさまざまな対策を実行に移した。飲料水の配給、〝接待風呂〟の設置、天幕バラックの建設、慰問袋の配付、慰問貨物の運搬、瓦礫《がれき》の撤去など、被災者にとって緊急と思えることを次々と手がけていった。

この震災に関しては、後方支援として教会本部、大阪教務支庁（大阪府および兵庫県の各教会）から三万五千三百円を超える多額の義援金が寄せられたほか、白米や漬物や塩などの食料が被災地へ送られた。

とくに、先年の関東大震災での経験を生かした接待風呂の設置は、天理教の発案ともいえるものであり、豊岡町では三カ所にこれを設けて被災者に開放した。接待風呂の開設は、後述の北丹後地震の際にも行われ、ともに『大阪朝日新聞』に報じられた*。また婦人会では、被災孤児や養育困難な子どもを養徳院で世話取りすべく、各方面に働きかけた。

＊北但馬地震での一般紙の記事が『道乃友』（大正14年6月5日号）に、次のように転載されている。
「天理教は豊岡町本町に救援本部を置き、大阪教務支庁主事田中寅吉《たなかとらきち》、但豊宣教所長藤井常治《ふじいつねはる》、大和の本部から中山爲信《なかやまためのぶ》氏等の各幹部に同教外国語学校生徒八十名がいずれも法被《はっぴ》姿で気比《けひ》、田結《たい》の端々までも労働奉仕の手を伸ばし、円山《まるやま》河口の渡船の船頭までしている。慰問品も大阪をはじめ汽車で三回に六千個送りきたり、なお自動車でも続々送ってくる。その他水道断水のため豊岡町は飲料水の配給に湯茶の炊き出し、接待風呂三箇所（六台）の建設に終日終夜奉仕をなす。上城崎町では弔霊祭を執行し、罹災《りさい》児三百名を天理教養徳院に収容し、暑中休暇にはさらに復興大宣伝を行う由《よし》、また罹災女学生は天理高等女学校に無料収容の道を開くなど大車輪の活動を続けている。（大阪朝日新聞記事）」（現代仮名遣いに改め、句読点を適宜補った）

このときの活動で特筆すべきは、わずか一カ月前に開校したばかりの天理外国語学校生による震災後の片づけひのきしんであろう。これは、現地で活動していた救援隊が、人員不足のため、二十九日夜になって急きょ同校に電報で依頼してきたことに始まる。翌三十日、同校校主でもある中山正善二代真柱は、ただちに電文を持って学校に駆けつけられた。二代真柱は、前月満二十歳の誕生日に管長就職奉告祭を勤め終えられたばかりであった。

折しも土曜日の昼前とあって、授業の終わった学生たちは講堂に集合。被災地の状況と支援方法について説明を受け、午後三時すぎの丹波市《たんばいち》駅（現・ＪＲ天理駅）発の列車で被災地へ向かうことを即決した。総勢六十人の学生と教職員は応急準備を整え、本部

北但馬地震でも、天理教は被災者の生活に必要なさまざまな支援を実施。湯茶の接待所も設けた（大正14年５月）

参拝のあと、ただちに出発した。

試験間近とあって、彼らは車中でも語学の暗唱をするなど勉強に余念がなかった。列車が被災地に近づいてきたころ、救援団の腕章をつけた人が学生たちに語りかけてきた。

「あなたたちは宣伝に行かれるのでしょうが、それでしたら遅すぎはしませんか。キリスト教も昨日引き揚げたようですが」

これに対して、一人の学生が決然と答えた。

「私たちは宣伝ではなくて、後片づけに行くのです。こんなときには神の福音を叫ぶよりも、少しの整理でも手伝うんですね」

将来は海外布教へ勇躍旅立とうとする天理外国語学校生ならではの意気軒昂《けんこう》な返答であった。

彼らが豊岡町に着いたのは、夜の十時すぎだった。一行は十人ずつ六班の救援隊を組織。翌日は豊岡町で、二日目は城崎町や港村方面において、慰問貨物の運搬から焼け跡家屋の解体整理、清掃に至るまで奮闘し、若い汗を流した。手分けして倒壊家屋の屋根瓦を丁寧に下ろしたり、また小学校の整理作業では、二階の教室から机やいすなどをロープに結びつけて、窓から校庭へつり下ろすという作業も難なくやってのけた。

わずか二日間の緊急出動であったが、これこそ組織化された〝ひのきしん隊〟の先駆けといえるかもしれない。

民間救援の先陣切って――北丹後地震

北但馬地震から二年後の昭和二年（一九二七）三月七日、今度は、その被災地から三〇キロと離れていない京都府北西部の丹後半島付近を震源とするマグニチュード7・3の大地震が発生した。関東大震災に次ぐ激しい揺れが雪深い山里を襲い、死者二千九百二十五人、全半壊家屋は二万三千四百七十戸、焼失八千二百八十七戸という惨禍《さんか》をもたらした。これが、いわゆる「北丹後地震」である。

被害地域は近畿、中国、北陸地方に及び、おぢばでも人々が戸外へ飛び出すほどの揺れを感じた。日本海に近い網野《あみの》、峰山《みねやま》の両町では火災が発生し、また大雪のために救援活動は困難を極めた。

教会本部では、ただちに被災地へ慰問使を派遣。また、管長名義で罹災者《りさい》救恤費《きゅうじゅつ》として千円を京都府庁へ届けるとともに、広く教内に義援金および救援物資の募集を呼びかけた。

婦人会と青年会では衣類、毛布などの物資を多数集め、トラック三台（一台あたり二千枚の毛布や衣類を満載）で被災地へ送った。京都教務支庁や管内の主だった教会でも、山崩れや残雪の中、物資を担いで現地入りし、被災地にテントやバラックを建てるなどして救援活動に取りかかった。

ここでは主として、荷物の運搬の手伝いや湯茶の接待、また〝接待風呂〟や無料散髪などのソフト面を引き受けた。

本教が活動を開始したのは、地元消防団や軍隊などが現地入りした早い時期であった。民間救援活動として先陣を切って乗り込んだ本教の救援隊に、被災地の人々は大いに目を見張ったという。

真柱自ら救援を指揮――三陸沖地震

昭和八年（一九三三）三月三日未明、三陸沖で発生したマグニチュード8・1の地震のため、大津波が北海道から三陸沿岸にかけての広い地帯に襲来した。深夜の大津波のため被害は拡大し、死者・行方不明三千六十四人、倒壊・流失家屋五千八百戸を超える大惨事となった。これは、明治二十九年の三陸大津波から三十七年ぶりに起きた津波災害であった。

教会本部ではすぐに本部員を招集して会議を開き、救援活動に乗りだすことを決定。五日には中山正善二代真柱自ら活動の直接指揮を執るべく、上田嘉成《うえだよしなる》本部青年（当時）を伴って急きょ上京した。途中、関東大震災の際に救援事業を体験したことのある林甚《はやしじん》太郎《たろう》名古屋教務支庁書記（当時）も合流した。

また福島教務支庁では、山本利正《やまもととしまさ》庁長（当時）が支庁内に救援事務所を設け、被災地の調査を開始した。やがて、沿岸の被害状況が明らかになるにつれ、救援事務所は被害が大きかった岩手県の盛岡支教会（当時）に移された。そして山本庁長は、指揮を仰ぐため東京へと向かった。こうして東京教務支庁には、実質上の〝天理教三陸震災救援本部〟が設置されたようなものだと、当時の『天理時報』（昭和5年創刊）は報じている。

さて、大津波の翌四日は、折しも東京教区教友会の例会日であった。その場で期せずして被災地救援の声が上がった。参加した三百余人が羽織や着物などを脱いで差し出すと、たちまち梱《こうり》で四個分の荷物ができた。

これを第一回の義援品として、岩手県の釜石《かまいし》町役場に発送。当日、管内の各教会に救援物資の募集を呼びかけ、わずか二日ほどで支庁内は衣類や毛布などの物資でいっぱいになった。これら義援物資は総数四百梱にもなり、七日には四台のトラックで上野駅まで運搬し、貨車二台に載せて現地へ送った。

現地の大勢の教信者は〝ひのきしん衣《ぎ》〟としてハッピを着用し、倒壊家屋の後片づけなどに取り組んだ。そのうち、約二百着のハッピは、教会本部から送付されたものだった。

災害が起こるや、すぐさま救援に駆けつけるという本教の姿勢は、こうした実績を積み重ねながら次第に発展・定着し、また一般の人々からも、その活動が期待されるようになっていくのである。

第五章　室戸台風 昭和9年

昭和九年（一九三四）九月二十一日早朝、四国の室戸《むろと》岬に上陸した超大型台風は、翌二十二日にかけて日本列島を駆け抜け、全国各地に大きなつめ跡を残した。死者・行方不明三千三十六人（その約三分の二は大阪府に集中）、全半壊、流失、浸水を含めた家屋の被害は約五十万戸。台風が縦断した近畿地方、とくに直撃を受けた阪神地区の被害は激甚であった。また、岡山県でも河川が氾濫《はんらん》し、流域で大きな被害が出た。

本教の関係では、大阪府内の被災教会数は二百五十カ所に上り、うち全半壊教会は七十七カ所もあった。また、おぢばでも、一部の信徒詰所や天理教校の建物に被害が出た。

暴風による被害のみならず、大阪湾では高潮が起こり、此花《このはな》、港《みなと》、大正《たいしょう》の三区や堺《さかい》市の臨海地域はことごとく浸水した。そのため流木や塵芥《じんかい》のほか、汚泥《おでい》や屎尿《しにょう》が漂い、市街は泥沼のような状況を呈した。やがて水がひいたあとも、これらの汚物にまみれた惨憺《さんたん》たる状態が残されて、街中に悪臭が満ち、後片づけは難航した。これが、本教のひのきしん活動の対象となったのである。

空前の二万人ひのきしん

台風通過直後に初動

本教の動きは迅速であった。* 近畿地方を通過した二十二日の午前中には、大阪教区が管内被害地域の第一回巡視を行い、炊き出しの準備に取りかかるよう指示。午後七時には、にぎり飯を満載したトラックが、被災地へ向けて教務支庁を出発した。

＊この時の本教の動きについては、『みちのとも』（昭和9年10月20日号）に時系列を追った「近畿大風水害 天理教救援本部日誌」（9月22日～10月2日）と、救援活動に関する異例ともいえる詳細な特集記事が掲載されている。

二十三日にもにぎり飯三百五十包みを配給。堺市では、避難所となっている学校に梅干しを届け、また堺《さかい》中教会（当時）に臨時救済出張所を設けた。

午後六時半には、教会本部から救援活動用のトラックが到着。この日、おぢばでは婦人会本部が風水害慰問を協議、ただちに救恤《きゅうじゅつ》品の募集を開始した。本部勤務者や奈良県内の婦人会員から寄せられた品物は、衣類を中心におしめ用の布、げた、手ぬぐい、ちり紙など二万点に上り、梱《こうり》で百六十個になった。これらは翌日から四日間に分けて、大阪および岡山へ次々と発送された。

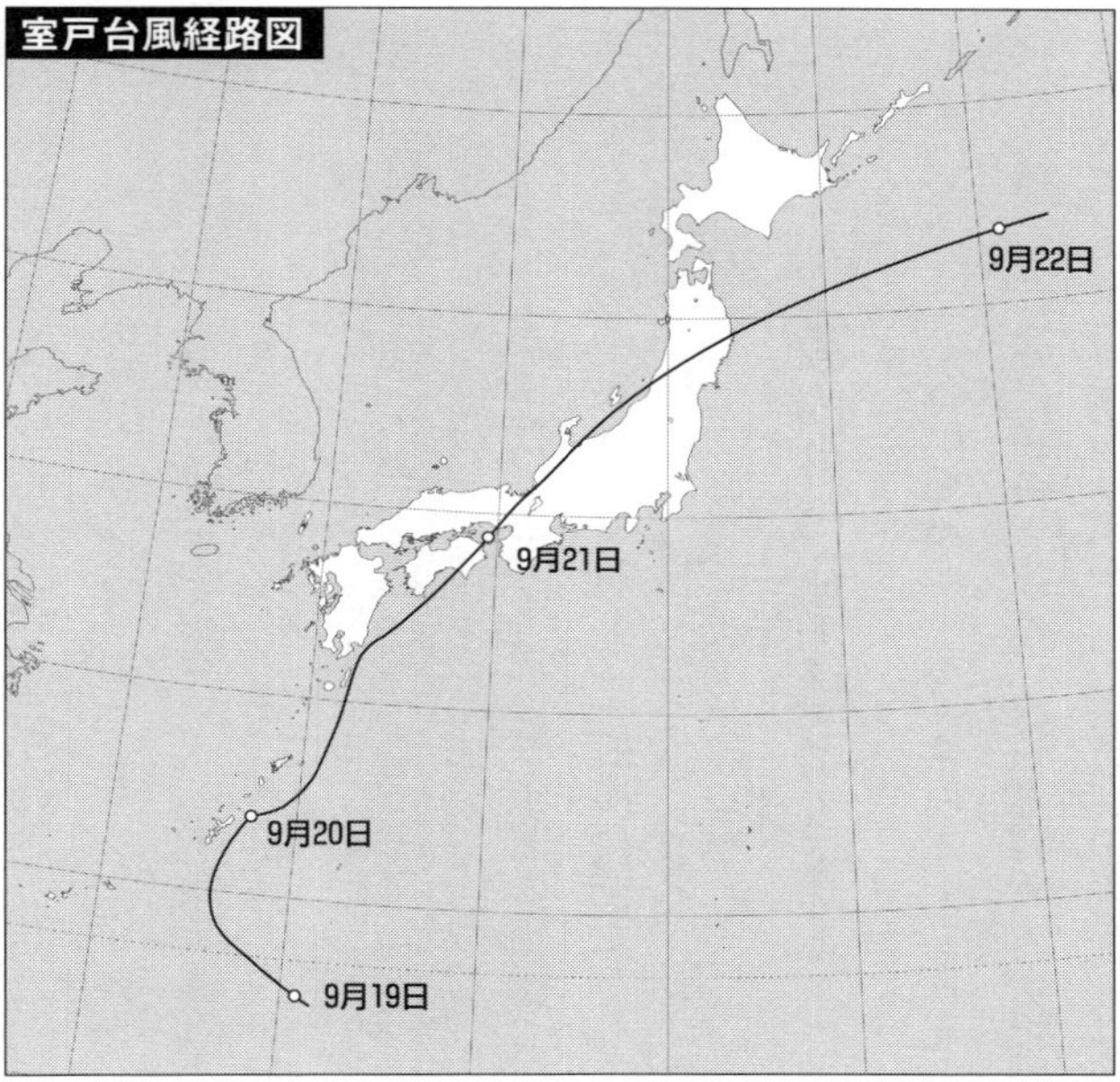

室戸台風経路図

さて、二十四日には午前八時から大阪教務支庁で緊急主事会を招集し、救援具体策として清掃ひのきしんを行うことをほぼ決定。同じころ、おぢばでも臨時本部員会議が開かれ、慰問使の派遣と義援金の拠出を決議した。義援金は大阪府に一万円、京都府に五百円で、とくに大阪府に対しては宗教団体の中で最も多額であった。

同日午後、中山正善二代真柱は被災教会の慰問のために大阪府入りされ、夕刻には教務支庁にも赴かれた。この日は、東京教務支庁から谷《たに》岡元《おかもと》太郎《たろう》書記（当時）が義援金を携えて来庁。教務支庁内は、慰問品の包装や翌日の準備のために立ち働く人々でごった返しの状況となった。

翌日は、ネルの織物千包みを被災地の区役所に、毛布を浸水教会十四カ所に配給。また、教会本部から、大阪府と京都府にそれぞれ義援金が寄付された。

さらに、被災した教友のために、本部からの慰問金をはじめ、東京の教信者から寄せられた義援金の交付が開始された。夕方から深夜にかけては、婦人会本部寄贈の衣類を満載したトラック三台が、教務支庁に到着した。

食べることと着ることをまず確保したあとは、住まいをどう整えるかという問題に移らなければならない——関東大震災の発生時に東京教務支庁長を務めた梶本宗太郎本部員（当時は大阪教務支庁長）は、往時の経験を踏まえながら、このたびの風水害の見通しについて『天理時報』紙上にそのような談話を残している。このときに必要な活動こそ、瓦礫《がれき》や塵芥《じんかい》を撤去することなのである。

本教では、すでに二年前の昭和七年から「全国一斉（現・全教一斉）ひのきしんデー」を実施しており、一般の教友たちも集団活動としてのひのきしんの段取りを心得ている。いざ、というときには、いつでも出動できる態勢が整っていた。

教内外の協力態勢も

台風通過から六日後の二十七日、大阪教務支庁が中心になっての清掃ひのきしんがいよいよスタート。教信者四千人が出動して、天保山《てんぽうざん》（港区）付近の町内の後片づけと清掃に取り組んだ。未曾有《みぞう》の大水害に加え、その後の雨などもあって、街は泥にまみれた家財道具や打ち上げられた舟、流れ着いた材木などで足の踏み場もないありさまだった。また、当時は水洗便所などなかったため、汚物混じりの塵芥からは異臭が漂い、不潔を極めていた。こうした中、教友たち（その大半は自らも被災者）は〝一手一つ〟の献身的な奉仕活動に尽力したのである。*

室戸台風の被災地での清掃活動。大阪の街中には、教信者のハッピ姿があふれた（昭和９年９月）

＊『天理時報』（昭和9年9月30日号）は「四千余名が出動──被害地に聖労《せいろう》奉仕」という見出しで、これを報じている。ひのきしんの中国語訳（現・天理教教典）がまさに「聖労」であることを考え合わせると、この聖労奉仕という表現はとても興味深い。

二日目は、婦人会・青年会本部から応援に駆けつけ、また天理外国語学校生二百余人も動員。総勢三千余人が春日出《かすがで》（此花区）方面の清掃作業を行った。この模様は、翌二十九日の『大阪朝日新聞（阪神版）』に、宗教団体では奉仕活動のトップを切るものとして報道された。

三日目は、さらに教校別科よのもと会員を加えた二千二百人が築港《ちっこう》（港区）方面を、四日目は、婦人会・青年会本部とよのもと会、および地元の教信者を合わせた二千三百余人が南恩加島町《みなみおかじま》（大正区）の清掃を担当した。

五日目の十月一日には、婦人会・青年会本部、よのもと会などから計三千余人が再度、春日出方面へ出動。そして翌二日には、同じく二千余人が堺市の三宝《さんぼう》方面で清掃活動に汗を流した。この日は兵庫県下でも教信者四百五十人が、とくに被害の大きかった尼崎《あまがさき》市内の清掃に力を尽くした。

COLUMN

戦時下の災害救援ひのきしん活動

昭和も十年代後半になると、戦時体制は一層強くなってくる。自然災害は多く発生するにもかかわらず、次第に報道管制が敷かれて、一般の人々の耳目に届きにくくなった。『天理時報』も例外ではなく、当局による検閲の結果、紙面には次第に戦時色が濃くなっていった。

昭和十七年から二十年の終戦直前にかけて、死者・行方不明千人前後を出した大きな自然災害としては、次のようなものがある。

※は死者・行方不明数

○昭和17年8月27、28日「西日本風水害」（台風16号）※千百五十八人

○昭和18年9月10日「鳥取地震」M7・2　※千八十三人

○昭和18年9月20日「西日本風水害」（台風26号）※九百七十人

○昭和19年12月7日「東南海地震」M7・9　※千二百五十一人

○昭和20年1月13日「三河地震」M6・8　※千九百六十一人

時報の紙面を見る限り、やはり当時の特殊な事情を反映して、これらに関する救援ひのきしんの

報道はなされていない。唯一の例外は、十八年九月の鳥取地震のときで、二週にわたり震災救援の動きが掲載されている。これらの記事によると、十六日から隣接の岡山、広島両教区より一週間、連日三十人が出動し、天理教校修養科生（当時）の中から大工・左官の経験のある数人を被災地へ救援隊員として派遣した。

また十八日には、教会本部の指令により、京都、大阪、兵庫の三教区から百十三人の〝ひのきしん隊〟が出動。倒壊を免れた教会に分宿し、十日間にわたり市内の瓦礫《がれき》の整理に奮闘したとある。

この震災に当たっては、東京教区が関東大震災の際の救援に対するお礼の意味を込めて、被災教会に千五百円の慰問金を贈り、神奈川教区も鳥取市へ五百円の義援金を発送した。

戦争が終わった昭和二十年の八月以降は、再び災害救援ひのきしん活動が時報の紙面に登場してくる。たとえば、二十一年十二月二十一日に発生した南海地震（震源は紀伊半島沖・マグニチュード8・0）では、地震発生後ただちにひのきしん活動が始まったことが報じられている。

和歌山県の中紀《ちゅうき》大教会では、教会を近隣の被災者約百四十人に開放する一方、早くも二十三、二十四日には教信者が避難所となった小学校の清掃活動に取りかかった。同県の南海《なんかい》大教会では、参拝場を日赤病院などの救護隊の宿舎として提供し、教会内に臨時診療所を設けたほか、一月十二日から三日間、百余人の教信者が被災地の後片づけに従事した。和歌山中央支部も一月中旬の三日間、百六十人がハッピ姿で海南《かいなん》市内の清掃を行った。

また高知では、須崎《すさき》分教会が二百数十人の被災者に教会を開放。炊き出しを行うとともに、水道が使えなくなった町内を給水に回った。勇んでひのきしんにいそしむ教友たちの姿は、終戦直後の疲弊した人々の心を明るく照らす一灯となったに違いない。

この六日間の出動延べ人数は約二万人余り。本教の災害救援ひのきしん活動としては、空前の規模に膨《ふく》れ上がった。その中には多くの女性たちも交じっていて、泥まみれになりながらいそいそと作業をする姿は、とくに人々の目をひいた。しかも参加した教信者は皆、手弁当で道具持参だった。

大阪市当局はこのことに感激し、保健清掃課員らも作業に合流した。しかも、自由に使えるトラック二十数台の提供を受けた。神戸市清掃部から来た応援隊も、十一台のトラックをすべて本教の〝ひのきしん隊〟に貸与して、共に活動した。

大阪市や堺市の銭湯の中には、「天理教の方は自由に入浴されたい」と張り紙をする所も現れた。人々が本教のひのきしんをいかに歓迎したかが、このエピソードからもよく分かる。

また、当時の大阪市保健部清掃課長は「名利を捨て、実際に個人個人の心に入っての行為こそ、人々の心を感動させ元気づける。弁当持参で、道具まで持って出動してくださった御教の御奉仕に対しては感謝の念にたえません」という談話を残している。

災害時における〝ひのきしん隊〟という呼称は、このころから『天理時報』などでしばしば見られるようになり、その一手一つの統制ある活動に、教内外が注目するようになってきたのである。

【参考文献】

第一章

◎災害・歴史関係

『鉄道辞典』上巻（日本国有鉄道編、交通協力会、昭和33年）。

『新編 一宮市史』本文編下巻（一宮市長・森釟太郎、昭和52年）。

『西枇杷島町史』（愛知県春日井郡西枇杷島町、昭和39年）。

『日本赤十字発達史』（川俣馨一著、日本赤十字会発達史発行所、明治41年）。

『新聞集成　明治編年史』（国会揺籃期）』第八巻（財政経済学会、昭和9年）。

『明治ニュース事典』第四巻（明治21年―明治25年）（毎日コミュニケーションズ、昭和59年）。

◎天理教関係

『おさしづ』改修版・巻二（天理教教会本部、昭和39年）。

『道の友』第一号（明治24年12月28日）・第三号（明治25年2月28日）。

『愛知大教会史』第一巻（天理教愛知大教会、昭和48年）。

『南海大教会史』第一巻（天理教南海大教会、昭和36年）。

『東愛のみち』（天理教東愛大教会、昭和32年）。

『岐美の道』（天理教岐美大教会、昭和46年）。

『東王京』第56号「濃尾大地震見舞記」（小松崎吉夫私家版、平成3年11月19日）。

第二章

◎災害・歴史関係

『東京百年史』第三巻（東京都、昭和47年）。

『墨田区史』（東京都墨田区役所、昭和34年）。

◎天理教関係
『天理教日本橋大教会史』第一巻（天理教日本橋大教会、昭和49年）。

『東本大教会史』一巻（天理教東本大教会、昭和63年）。

『錦江大教会史』（天理教錦江大教会、昭和63年）。

『天理教東京教区史』第二巻（天理教東京教区史編纂委員会、天理教東京教務支庁、昭和44年）。

『天理教東京教区史』第三巻（昭和49年）。

『道乃友』明治29年、43年、大正6年の該当誌。

『梶本宗太郎自叙伝稿』（橋本正治編、私家版、昭和32年）。

第三章
◎災害・歴史関係
『大正震災志』上下二巻（内務省社会局編、大正15年2月）。

『大正大震災大火災』（大日本雄辯会、講談社編・発行、大正12年10月）。

『東京府大正震災誌』（東京府、大正14年5月）。

『新聞集録大正史』第十一巻（大正出版、昭和53年）。

『大正ニュース事典』第六巻（毎日コミュニケーションズ、昭和63年）。

『東京百年史』第四巻（東京都、昭和47年）。

『明治大正国勢総覧』（東洋経済新報社、昭和2年）。

『日本国勢図會・昭和6年版』（矢野恒太・白崎享一編、日本評論社、昭和6年）。

『関東大震災誌・東京編』（千秋社、昭和62年）。

『決定版昭和史（昭和前史・関東大震災）』第四巻（毎日新聞社、昭和59年）。

◎天理教関係

『道乃友』大正12年9月20日～12月20日号。

『天理教東京教区史』第三巻（昭和49年）。

『よのなか』（天理教よのなか社、大正12年）9月20日、12月20日号。

『大震災霊験談（第一輯）』（天理教よのなか社編輯部編、天理教東京教務支庁救護団、大正12年10月）。

『教友会報』（天理教東京教務支庁教友会）大正14年4月4日号。大正15年1月3日号。

『梶本宗太郎自叙伝稿』（昭和32年）。

『潮の如く』上巻（上村福太郎著、天理教道友社、昭和34年）。

『天理教青年会史』第二巻（天理教青年会本部、昭和50年）。

『天理教婦人会史』第一巻（天理教婦人会本部、平成2年）。

『東本大教会史』資料編（昭和63年）。

◎取材協力

久保正邦・神庫分教会長。

第四章

◎災害・歴史関係

『北但震災誌』（兵庫県、大正15年）。

『昭和八年三月三日三陸沖強震及津浪報告』（中央気象台、昭和8年）。

『大阪朝日新聞』大正14年5月26日号。昭和2年3月13日号。

◎天理教関係

『道乃友』大正14年6月号。昭和2年3月20日、4月5日号。
『みちのとも』昭和8年3月20日号。
『地場思潮』第14号（大正14年7月）。
『天理時報』昭和8年3月12日～4月9日号。
『天理大学五十年誌』（天理大学、昭和50年）。
『天理教婦人会史』第一巻（平成2年）。

第五章

◎災害・歴史関係
『昭和九年九月二十一日暴風水害概要』（大阪府、昭和9年）。
『大阪朝日新聞　市内版・阪神版』昭和9年9月29日号。
◎天理教関係
『みちのとも』昭和9年10月20日号。
『天理時報』昭和9年9月30日、10月7日、10月14日、10月21日号。
『天理教青年会史』第四巻（昭和61年）。
『天理教婦人会史』第一巻（平成2年）。

第二部　災害救援ひのきしん隊発足まで

第六章　福井地震　昭和23年

戦前と戦後では、国による災害救援の法制度がかなり変わった。戦前には、明治三十二年（一八九九）に制定された「罹災《りさい》救助基金法」があったが、これでは実際の救援対策に、なかなか追いつかない点が多かった。

この法律は、被災者の救援基金を定めているだけで、救援活動全般にわたる規定がなかった。また、基金といってもその資金は著しく不足しており、救援物資の取り扱いについてふれた条項も全くなかった。

そこで、非常災害の際に国として応急の救助を行い、被災者の保護と社会の秩序の保全をめざす「災害救助法」が戦後の昭和二十二年（一九四七）に制定された。

（⇒75ページ・コラム「災害救助法」）

この法律は、終戦直後の和歌山、高知両県を中心に激甚な被害をもたらした南海地震（昭和二十一年）の経験が教訓になったといわれている。災害救助法ができて初めての大規模災害が、当時「北陸震災」とも呼ばれた「福井地震」である。

昭和二十三年六月二十八日午後五時すぎ（この年に導入された夏時間で、現在の午後四時すぎ。夏時間は四年間で廃止）、福井平野を震源とするマグニチュード7・

1の直下型地震が発生した。福井市では震度6、大阪や名古屋や富山でも震度4を記録した。

福井市内では、建築物のほとんどが一瞬のうちに倒壊してしまった。福井市は終戦の三カ月前に戦災に遭い、全市街が焦土と化したが、市民の努力により、ようやく九分通り復旧した矢先の天災であった。

不幸にも、急ごしらえの復興バラック建築が被害を拡大させた。死者三千七百六十九人、家屋の全半壊は四万八千戸近くに上った。家屋倒壊率八〇パーセント以上という振動が記録されたため、気象庁の震度階級では以後、新たに7〔激震〕が加えられることになった。

戦後初の〝ひのきしん隊〟出動

救援隊、続々と被災地へ

この地震は、おぢばでも強く感じられた。当日の教会本部の夕づとめ後、教務庁（現・教庁）で緊急総務会を開催。「北陸震災」のための救援対策が論議された。

翌二十九日の早朝、一番列車で被災地慰問と実情調査のため、植田英蔵《うえだえいぞう》総務課長、井上護國《いのうえもりくに》厚生課長、宇野晴義《うのはるよし》福井教区長が現地へ向けて出発した。また全国の教会に対しては、各府県の教務支庁を通じて義援金や救援物資の募集を呼びかけるとともに、近畿、中部、山陰の各教区には〝ひのきしん隊〟の編成と出動待機を指令した。

七月五日には慰問使による現地視察報告に基づき、教務庁で再度、対策会議を開き、天理教救援ひのきしん隊の派遣を決議。また、その費用として五十万円の予算を可決した（最終的に、救援対策費は七十七万円）。翌日には早くも先発隊が現地入りした。

八日、福井市内の北ノ荘《きたのしょう》分教会に「北陸震災天理教救援隊本部」を設置、地元の福井教区隊が入った。これを皮切りに、教会本部隊をはじめ奈良、京都、大阪、滋賀、愛知、岐阜、石川、富山、兵庫、鳥取の各教区から〝ひのきしん隊〟が続々と駆けつけた。

救援隊本部では、隊員の来着に備えて、福井市内を三区に分け、拠点となる教会に担当の事務所を置いた。ここで、家屋の片づけや道路清掃等の申し込みを困窮家庭などから受け付け、市役所とも連絡を取りながら、ひのきしん隊を各区に派遣して救援活動にかかる段取りを整えた。また食料、衣類、諸道具などは、被災地に迷惑をかけないようすべて本教側で整え、万全の態勢で臨んだ。

活動内容は、市内の各家庭からの要望による後片づけを中心としたが、このほかにも風呂の設営や産院での奉仕活動も引き受けた。福井市役所や市内の各配給所に「後片づけにお困りのご家庭へ伺い無料で奉仕します」という旨の張り紙を掲示、これは人々の

福井地震をきっかけに、天理教の災害救援活動の骨格がほぼ固まった
（昭和23年、写真＝『北ノ荘　創立80周年記念誌』より）

目をひいた。そして、瓦一枚壊さぬように片づけていく丁寧な作業ぶりを、市民は感嘆の思いで注目した。

十三日から十六日までは連日、五百人の隊員たちが市内から九頭竜川《くずりゅうがわ》方面まで行動範囲を広げた。そのため、朝夕の福井駅はハッピ姿でごった返したという。

また、救援隊本部が置かれた北ノ荘分教会や、隊員の宿舎に充てられた嶺北《れいほく》支部管内のいくつかの教会では、婦人会員や住み込みの人たちがときには徹夜で隊員たちの世話取りに当たった。

〝ひのきしん風呂〟の設置

七月十一日になると、教会本部から風呂設営の材料などを積んだトラックが到着。早速、ドラム缶の浴槽を杉皮の塀《へい》で囲い、急ごしらえの〝接待風呂〟を作った。翌々日の十三日から、「無料天理教ひのきしん風呂」を市内四カ所に設置し、夕刻から入浴を受け付けた。このときもまた、市役所内に「露天風呂を開設し、罹災《りさい》民《みん》の入浴に奉仕する」旨の掲示を出し、希望者を募った。〝接待風呂〟は関東大震災での救援以降、本教の定番の活動となっており、この折は男女別の浴槽計十四基を据えるなど、規模は一層大きくなった。十五日にはさらに一基を増設。十八日まで風呂の提供を続けた。

これらを利用したのは被災者ばかりではなかった。たとえば市役所前に設置された風呂の場合、京阪神から応援に来た警察官が〝お得意様〟となり、「一日の警備の汗を流せる」と大いに喜ばれた。

来援教区隊による後片づけひのきしんは十八日で終了したが、市民の要望にこたえて、地元の福井教区隊が市内の三つの教会に場所を変えて風呂の提供を続行した。七月十三日の開設から三十日の終了までに入浴した延べ人数は、二万五千百六十八人に上った。また〝ひのきしん隊〟の出動延べ人数は三千七百五十八人を数えた。

忘れてならないのは、婦人会員による病院でのひのきしんである。男性が力仕事で額に汗する一方、女性は優しさとこまやかな心遣いで、さまざまな活動にいそしんだ。

七月二日には武生《たけふ》市内の三カ所の病院で、嶺北支部の婦人会員を中心に、病室や便所の清掃、包帯や衣類の洗濯などの活動を担当した。さらに八日以降は、嶺南《れいなん》支部の婦人会員五人が泊まり込み、五日交代で日本赤十字病院の応急産院などで、出産婦のための炊事や洗濯、子守りや水くみ、掃除などに力を尽くした。

〝仏教王国〟での評価

北陸は仏教の盛んな土地柄である。とくに浄土真宗の勢力が強く、東西両本願寺もただちに救援隊を送り、診療所、宿泊所、浴場などのバラックを建て、被災者に無料で提

COLUMN

災害救助法

「災害救助法」は昭和二十二年十月十八日に公布、翌々日に施行された。全四章四十八条から成るこの法律は、自然災害に際し、国が地方公共団体や日本赤十字社ほか各種団体および国民の協力のもとに、応急的に必要な救助を行い、被災者の保護と社会秩序の保全を図ることを目的としている（第一章「総則」より）。

救助の内容についても、収容施設（応急仮設住宅を含む）、炊き出しおよび飲料水の供与、衣類や寝具など生活必需品の給与または貸与、医療および助産、被災者の救出、被災住宅の応急修理、生業に必要な資金や器具などの給与または貸与、学用品の給与、埋葬など細かく定められている。これらの救助は、いずれも都道府県知事が責任をもって行い、またその費用も救助が行われた都道府県が支弁するものとされている。

この法律の施行により、従来までの「罹災者救助基金法」は廃止された。

供するなど救援に力を入れた。また、それぞれの法主も福井入りした。そのほか、キリスト教でも医療班を派遣したり、臨時託児所を開設するなど救援活動に従事した。

　こうした中での本教のひのきしん隊の活動は、人々の注目を相当集めたようだ。地元紙の『福井新聞』には、次のような記事が掲載されている。貴重な証言なので、ここに紹介しておきたい。

＊　＊　＊

「震災救援にどっとくり出した各宗教団体の救援隊のなかでとくに感謝されている教団がある。それは天理教のひのきしん隊と日本キリスト教団で、天理教では焼け跡整理や、バラック建築に男手のない所は優先的に奉仕しているが、十三日から福井市役所前本町、宝永《ほうえい》上町、九十九《つくも》橋付近に杉皮囲いのひのきしん風呂を設置した。

　なにぶんにも水不足なので福井支庁に井戸を掘り、そこからドラム缶で水を運び、朝八時からどんどんわかし復興作業に疲れた市民からよろこばれている。なお、この風呂は一週間ごとに移動、市内各所に開設する予定で、天理教と染め抜いたはっぴ姿も勇ましく、奉仕隊は京都、鳥取、岐阜、滋賀その他各支庁から交代で続々出動している」


（『福井新聞』7月26日号）

＊　＊　＊

「震災、水害〔註：地震の直後に発生〕を通じいろいろな団体が救援の手をのばし、被災者はもちろん一般県民からも感謝されているが、各宗教団体もそれぞれの立場で被災者の救援につとめている。最も印象的なのは天理教の人たちではなかろうか。多少は宣伝のきらいもないではないが、そろいの紺《こん》のハッピに威勢よく、トラックあるいは自動車で街から街へ、ときには農村へまでも救援隊が走った。

あの人たちの特徴は、その肉体をもっての奉仕であったようだ。倒壊家屋の整理から負傷者の救援看護、市民にはおなじみになっているふろ場の設置、衣類の寄贈など被災者の心に入っての奉仕は大衆的宗教の面目を遺憾なく発揮したとも言える。

キリスト教の人たちは移動託児所や診療所を開設していたが、その仕事に参加した者も若い人たちが多く、知性的な動きが感じられた。仏教の方は東西両本願寺の法主が来福し、被害地の慰問行脚《あんぎゃ》を行った。精神的慰問としては効果があったかもしれないけれども、仏教全体としてはいささか消極的だったという一般の批評である。

以上は災害を通じて見た宗教関係者のきわめて簡単な素描に過ぎないが、行動の消極的なよりは積極的な方がよいことが当然、大衆はいずれに『宗教の魅力』を感じたであろうか」

（『福井新聞』8月8日号）

（いずれも引用は、宇野晴義編『福井震災展望』〈昭和24年〉による。明らかな誤字・誤植は訂正し、かなづかいは現代仮名遣いに改め、また適宜改行した）。

本教では、福井地震における救援活動や各教区での義援金や援助物資の募集、発送などがひと通り終わったあと、この経験を生かして教務庁内の教務部教区課で、災害救援活動の拡充・強化をはかることとなった。すなわち、八月から九月にかけて、関東、中部、四国・中国といったブロック単位での協力態勢を練ることとし、自然災害の際の具体的な対策の検討に入ったのである。

第七章　ジェーン台風 昭和25年 から狩野川台風 昭和33年 まで

福井地震の直後から、教会本部でも突発的な自然災害に備えて、救援物資等の準備が検討されるようになった。また、教区単位における災害救援活動が定着したのもこのころからである。ここでは、ジェーン台風（昭和二十五年）から狩野川《かのがわ》台風（昭和三十三年）までの救援活動を中心に、本教の救援体制の整備状況を見ていくことにしたい。

本部に「災害対策委員会」設置

大型台風、京阪神を直撃

昭和二十五年（一九五〇）九月三日、いわゆる「ジェーン台風」と名づけられた大型台風が京阪神に大きな被害をもたらした。この台風は、昭和九年の「室戸台風」とよく似たコースをたどったが、暴風が吹き荒れたのは室戸台風の二倍近い七時間に及んだ。

戦災復旧後の粗末な建物が多かったことや、地盤沈下の影響でゼロメートル地帯が広がっていたため、浸水は大阪の臨海部を中心に広範囲にわたった。大阪市の二割以上の地域に被害が生じ、市内の被災家屋は十一万九百戸にも上った。浸水被害だけを見ても、京阪神を中心に実に四十万二千戸を超えたのである。

教会本部では、ただちに臨時総務会を開いて対策を協議した。地元の大阪教区を中心として、水がひいたあとの市内に五百人の〝ひのきしん隊〟が五日間にわたって出動。汚泥にまみれた流木や廃材などの後始末や清掃に従事した。

これに加えて、奈良教区が応援を出すことを決定。九月十日から十五日まで連日四、五百人が繰り出し、延べ二千人が清掃に努めた。兵庫教区も、被害の大きかった尼崎《あまがさき》市内に三百五十人を出動させた。

北九州大水害・南紀豪雨

自然災害が起こると、すぐに対応できる構えは整いつつあったが、本格的な救援体制が整備されたのは、昭和二十八年（一九五三）六月末の「北九州大水害」の際である。

北九州地域での水害は、梅雨前線による豪雨が引き起こしたものだった。死者・行方不明は千人を超え、家屋の全半壊および流失は一万七千四百戸近く、床上・床下浸水は四十五万五千戸にも上った。とくに門司《もじ》市（当時）では、山津波によってトラック十七万台分もの土砂が市街地を埋め尽くすほどの大きな被害が出た。

教会本部では、厚生部（当時）に「天理教災害対策本部」を設置。二百万円を支出するとともに、義援金を教内から募った。

東京教区はすぐに百万円を寄金。婦人会親里支部が衣類二千点を拠出したのをはじめ、全国の教友からも義援の金品などが続々と寄せられた。救援物資がひきも切らずに届くため、『天理時報』では、その発送手続きについての社告を「天理教災害対策本部」の名で数回出すほどだった。水害見舞いの募金状況についても、同紙の毎号に金額が報告された。

ところが、北九州水害から一カ月もたたない七月中旬、今度は紀伊半島の奥地で豪雨による山津波が発生。死者・行方不明が千人を超える大災害となった（南紀豪雨）。

天理教災害対策本部では、厚生部長を調査と慰問のため和歌山へ急行させた。また、北九州水害の義援金や慰問品の募集期限を延期して、それらを九州だけでなく和歌山・奈良・三重の三県にも分配することにした。

このように立て続けに災害が発生したこともあって、教会本部の会議でも救援のあり方について取り上げられるようになった。七月下旬に開かれた臨時常議員会（現在の「集会」に当たる教議会内の会議体）では、災害対策についての質疑応答があり、救援活動の内規を定めることや〝ひのきしん隊〟の経費を全額、本部で負担してほしいという要望が提出された。

熊本教区ではその後、七月中旬から一カ月間のひのきしん活動を提唱した。延べ四千三百九十人が、相次ぐ水害で忘れられつつあった県下の被災地に出かけ、後片づけと清掃に汗を流した。八月十二日、最後のひのきしんとなった現場では、熊本市長を迎えて解散式を行い、市長と市議会長が連名で熊本教区に感謝状を贈った。

また門司市でも、福岡教区をはじめ隣接の山口教区から駆けつけた〝ひのきしん隊〟が、保安隊（現・自衛隊）と協力して七月から九月にかけて出動（延べ約三千人）。一年かかると思われた道路補修工事も、わずか一カ月で通行可能になった。しかも作業道具の一切をはじめ、食事、宿舎についても、すべて自給自足でまかなった。

そこで門司市議会では九月九日、天理教災害対策本部に対する感謝決議案が満場一致で可決され、市長代理と議会代表の二人がおぢばへ来訪。諸《もろ》井《い》慶《けい》五《ご》郎《ろう》表統領《おもてとうりょう》（当時）と面会し、市長および市議会からの感謝状を手渡した。

なお、水害の義援金は八月末に締め切られ、総額は千六十三万七千百二十五円に達した。この中には遠くアメリカやブラジルの教友から寄せられた〝浄財〟もあった。

東京〝常備隊〟を結成

昭和二十八年九月二十八日、教会本部では不慮の災害に備えて「災害対策委員会」を厚生部内に設置した。（⇒84ページ・コラム「天理教災害対策委員会規約」）

表統領直属の常置機関である同委員会は、厚生部長をはじめ教務庁の課長クラスを中

狩野川台風の被災地では、静岡・東京・神奈川教区の〝ひのきしん隊〟が目ざましい働きをみせた（昭和33年）

心に、十人の委員で構成される。この委員会が必要と認めたときに、災害対策本部を厚生部内に設け、その委員を対策委員会の内申で表統領が任命するということになった。

一方、独自に災害対策委員会を発足させる教区も現れた。二十九年、東京では災害対策ひのきしん隊の教区隊を結成。作業具の装備を進め、訓練を積み重ねた。翌年には東京教区災害対策委員会も発足し、そこでは万一に備えて募金の積み立ても行うことにした。その金額は、教会の規模に応じて定められた。そして二年後の三十二年には、百五十人の隊員から成る災害対策ひのきしん隊常備隊（精鋭隊）の編成式が開かれるに至った。

狩野川台風

昭和三十三年（一九五八）九月二十六日から二十七日にかけて、関東地方に上陸した台風22号、いわゆる「狩野川台風」は、伊豆半島を中心に死者・行方不明千二百六十九人、家屋全半壊および流失は約四千三百戸、床上・床下浸水五十二万二千戸にも上る大きな被害をもたらした。

　これに対して、本教では、ただちに中山慶一《なかやまよしかず》本部員を委員長とする災害対策委員会を設置した。二十八日には、布教部第三課長（教規改正により、厚生部厚生課が布教部第三課に統合）らを被災地へ派遣し、慰問と情報収集に当たらせた。また同委員会は、沼津《ぬまづ》市の嶽東《がくとう》大教会に現地災害対策本部を設け、布教部第三課長が救援ひのきしん隊の総指揮を執った。

　十月一日、すでに地元の静岡教区隊二百七十人が被災地の田方《たがた》郡大仁《おおひと》町へ駆けつけ、活動を開始していた。四日には、災害対策本部を嶽東大教会から大仁町の北豆《ほくづ》分教会へ移動。同教区隊は作業現場を函南《かんなみ》村内の流木集積地に移した。

　それと入れ替わるように、東京教区災害対策常備隊百十六人（うち女子十人）、および神奈川教区救援ひのきしん隊五十九人（うち女子七人）が相次いで、北豆分教会の対策

COLUMN

天理教災害対策委員会規約

　全二十条から成る天理教災害対策委員会（本部委員会）の規約には、本教の災害対策委員会の構成、救援対策とその実施、災害特別会計、教区委員会の設置などについて規定されている。その内

容は、現在では次の通り。

本部委員会は、表統領直属の常置機関として災害救援体制の整備につとめ、災害発生の場合は速やかに対策を立て、救援活動を実施するものとされ、この目的のために天理教災害救援ひのきしん隊（災救隊）を設ける。本部委員会は、表統領室長、同次長、災救隊本部長、同次長、その他表統領の指名する者によって構成され、委員長には表統領室長が当たる。委員会の事務所は表統領室内に置く。

本部委員会は、必要に応じて被災地に慰問使および視察員を派遣する。視察員は、現地の状況を速やかに本部委員会に報告する。災救隊の出動は、本部委員会により決定され、現場責任者は同委員長が指名する。

被災地での諸活動は、すべて天理教教会本部または災救隊の名のもとに行い、婦人会本部、青年会本部、少年会本部による災害救援活動も本部委員会の指示に従うものとする。

本部委員会は、災害特別会計を委員長の責任において運営する。災害特別会計には、災害救援のために寄付された金員すべてが繰り入れられ、この中から災害救援活動の諸経費が支出される。

各教区には天理教災害対策教区委員会（教区委員会）を設け、その事務所は教務支庁内に置く。教区委員会の運営の規約は、本部委員会の規約に準ずることとし、委員長には教区長が就任する。

当該教区内に災害が発生した場合、教区委員会は速やかに本部委員会に報告し、災害救援活動を行う。独自で活動が困難とみなされたとき、教区委員会は本部委員会の指令を仰ぎ、これに従う。教区委員会の経費は、各々《おのおの》その当該教区において支出し、本部委員会の指令による救援活動実施の場合は、本部委員会が支出する。

本部に到着。翌五日から、東京教区隊は韮山《にらやま》村、神奈川教区隊は大仁および修善寺《しゅぜんじ》で作業を始め、降り続く雨の中を泥砂や流木の撤去に努めた。

これら三つの教区隊は、九日まで実動した。連日の雨の中、ビニールの風呂敷をかぶり、ずぶ濡れになりながらの作業であった。雨具の必要性を痛感した東京教区隊は、帰京後すぐに雨がっぱ百十着を買い求めたという。これらは、翌年の伊勢湾台風の救援で早くも使用されることになる。

第八章　伊勢湾台風　昭和34年

昭和三十四年（一九五九）九月二十六日午後六時すぎ、潮岬《しおのみさき》西方に上陸した台風15号は、最低気圧九三〇ヘクトパスカル、最大風速五〇メートル、暴風半径五〇〇キロにも及ぶ超大型台風であった。

この台風は、夜半にかけて紀伊半島を縦断した。その進路の東側に当たる名古屋では、午後から暴風雨圏内に入り、夕方にはますます激しさを増し、夜半になると猛烈な風雨が吹き荒れた。

激甚災害に迅速な救援

その夜、愛知教務支庁では

愛知教務支庁では、在住者十五人が強い風雨の中、総出で雨漏《あまも》り個所の応急修理に当たっていた。しかし、夜九時には電灯が消え、電話も通じなくなった。あちこちの窓ガラスが割れたため、畳を立てて吹き込む風を防ぐ事態に至った。

当時、教務支庁内に開設されていた社会福祉施設「愛知助産所」からの救援要請で、数人が瓦や木板の飛ぶ中を駆け出していった。深夜になると、猛烈な風雨が神殿を揺るがし、近隣から避難してきた人々は恐怖に震えた。

日付が変わって翌日午前二時ごろ、ようやく風雨が収まり、やがて朝を迎えた。辺りは惨憺《さんたん》たるありさまであったが、在庁者は全員無事で、助産所も大きな被害がなく、一同は親神様・教祖《おやさま》にお礼を申し上げた。

しかし、ラジオや新聞等の報道機関はすべて機能が停止していたため、台風による全体の被害はどの程度か、皆目分からなかった。午前中は在庁者で被害個所の修理に当たっていたが、午後になってようやく新聞の号外が届き、名古屋を中心に大きな被害があったことを一同は初めて知った。やがて教区管内の教会長の出直しや、名京《めいきょう》大教会の神殿が倒壊したという報告が次々と入ってくる。おぢばとは、相変わらず連絡が取れない状態が続いていた。

台風15号による被害状況は、近畿、東海、中部地方全域に大きなつめ跡を残したことが日を追って明らかとなってきた。その規模は、死者・行方不明五千九十八人、家屋全壊・流失四万八百三十八戸、床上・床下浸水三十六万三千六百十六戸、堤防決壊五千七百六十カ所という空前の激甚災害であった。

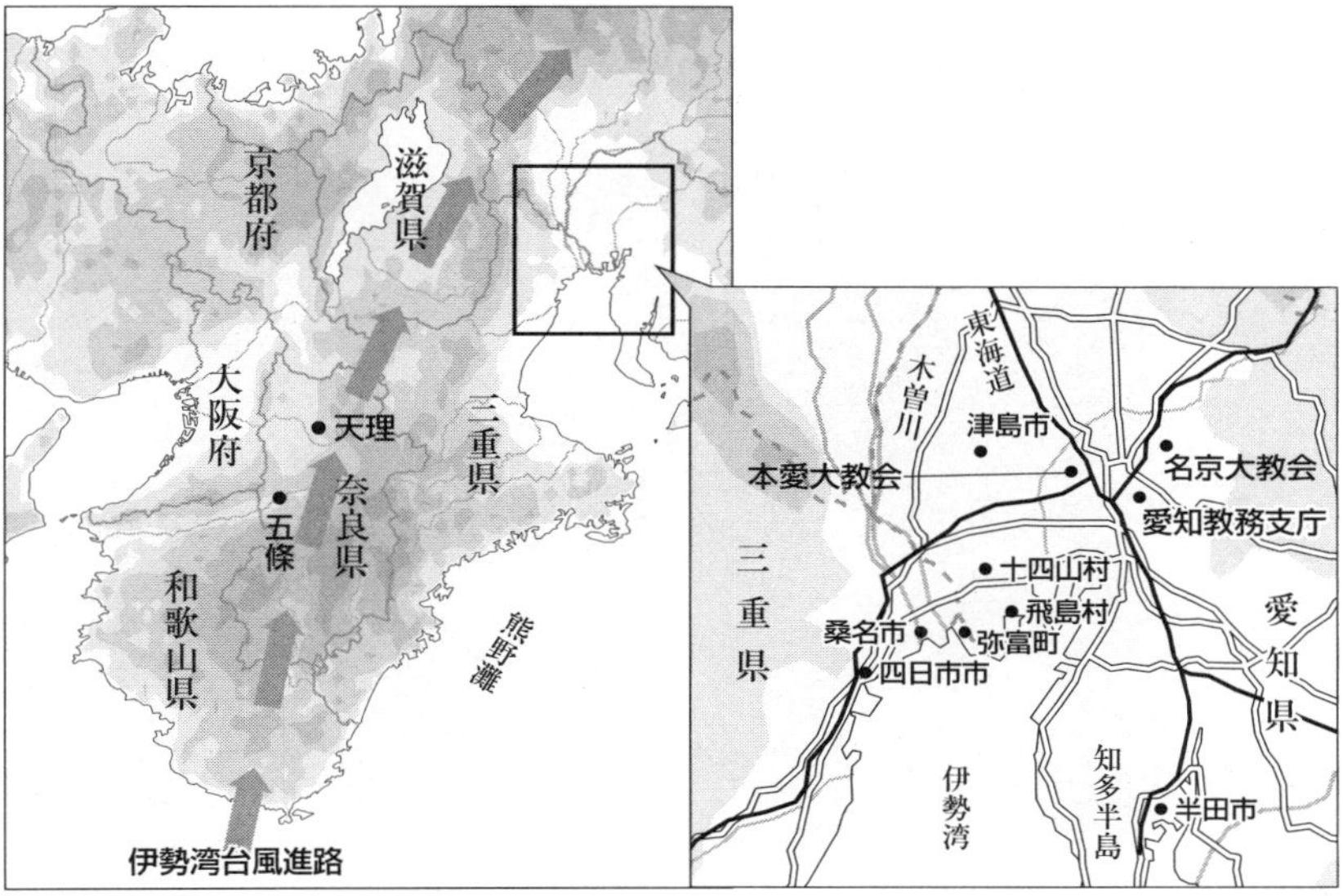

伊勢湾岸には高潮が襲来し、至る所で海岸や河川の堤防を次々と乗り越え、あるいは決壊させた。折からの満潮とも重なって、名古屋港では六メートル近い高潮が襲い、五メートルの堤防をやすやすと越えて、沿岸の工場地帯はほとんど壊滅、濃尾平野南部の広大な地域が浸水した。これには、沿岸地域で地盤沈下が広範に進行し、低湿の干拓地が広がっていたことも悪条件となっていたことが、のちに重大な要因として指摘されている。

また、貯木場から流出した数十万石《ごく》に上る木材が家屋を破壊し、尊い人命を数多く失わせる結果となった。気象庁は、空前の激甚災害をもたらした台風15号を「伊勢湾台風」と命名した。

緊急の災害対策委員会

台風一過の九月二十七日は、教会本部の月次祭の翌日に当たる。本部ではこの朝、被害を受けた十五の教区にただちに見舞い電報を打ち、翌日には緊急

伊勢湾台風は各地に大きなつめ跡を残した。中山善衞奈良教区修理人（写真左）は奈良県下の被災地を慰問・巡回された（昭和34年、五條市）

の災害対策委員会を開いて、救援の手はずを練った。

さらに、被害の大きかった教区に対しては、慰問使の派遣を決定した。翌二十九日には、三重、愛知、和歌山、岐阜、兵庫、奈良、滋賀、京都の八教区に慰問使を急行させ、同日、とくに甚大な被害の出た名古屋方面には、土佐《とさ》元《はじめ》布教部次長を向かわせた。被災地におけるひのきしん活動の指揮に当たるためである。

奈良県下でも五條《ごじょう》、奥吉野、宇陀《うだ》地方に大きな被害が発生した。とくに五條市では、七千六百戸（人口三万五千）のうち、約三分の一に当たる家屋が浸水するという事態になった。

奈良教区では、二十七日にいち早く災害対策本部を設置。被害調査と救援の準備に着手した。また地元教区の要請を受ける形で、教会本部の災害対策委員会は二十八日、修養科生八十九人（うち女子十人）を五條市へ〝救援ひのきしん〟

として出動させた。

同教区青年会も、泊まり込みでひのきしん活動に当たった。さらに三十日からは、中《なか》山善衞《やまぜんえ》教区修理人（のち三代真柱）が管内の被災地を慰問・巡回された。

さて、愛知教務支庁では、二十八日早朝から炊き出しを開始。「布教の家」の青年たちが手分けして被災教会へ慰問に出かけた。広範囲に浸水していた南区や港区では、胸まで水につかりながら各教会を回った。

同日、谷岡元太郎教区長は新聞社の飛行機で空路、名古屋入りした。このころには教会本部ともようやく電話が通じるようになり、被害状況を詳しく報告することができた。

翌二十九日午後一時から、管内の支部長を招集して今後の対策を検討した。市内の教会はことごとく被害を受けていたため、まず各自の教会の修理から取りかかることとなった。

その後、十月一日から三日までは、全壊などの大きな被害を受けた教会の応援に、五日から十三日までは教外への救援活動に百人を出動させる計画を立てた。炊き出しも引き続き行われ、救援に当たる青年たちは泥田と化した地域へと向かった。

三十日になると、教務支庁内に天理教災害対策本部が正式に設置された。

この日、政府は愛知、三重、岐阜の三県を対象とした中部日本災害対策本部を名古屋に設置し、本部長に益谷秀次副総理が就任。陸・空の自衛隊三千人を動員して、救援活動を開始した。

翌十月一日、愛知県の災害対策本部では、およそ二万人が残っている水害地の海部《あま》郡飛島《とびしま》村、十四山《じゅうしやま》村、弥富《やとみ》町の被災者の集団避難に取りかかった。決壊した堤防の修理が遅れたため、市街地や干拓地では湛水《たんすい》がいつまでも続き、とくに海抜ゼロ～海抜下二メートルの港区南陽《なんよう》町では、二カ月近くも水につかったままだった。また、水害地では赤痢《せきり》が集団発生するなど、衛生状態も悪化していった。

実績は生かされた

愛知教務支庁では十月一日午後一時から、土佐布教部次長を交えて主事会議が開かれ、次の三点の救援対策を決定した。

まず、教内のひのきしんは教区管内で、対外的なひのきしんは教会本部および教区管外の関係者で行う。次に、赤痢などの伝染病が発生したため、本部に対して医療班の派遣を要請する。第三に、四十八カ所にも及ぶ水没教会には全力で救援に当たる。これには水上班を組織して、救援活動を行うこととした。

一方、教会本部でも支援の手を打ちつつあった。輸送班の足としてすでに出発していた本部営繕班のジープは、国道1号の不通により中山道《なかせんどう》を経由し、二十七時間かけて三十日、ようやく名古屋に到着した。

翌日には、「おやさとふしん青年会ひのきしん隊」の先発組が、四日からの対外活動の受け入れ準備を行うべく来庁。また三日には、救援物資を満載した本部のトラック二台が、おぢばを発《た》った。

おぢばへの伏せ込みというひのきしん活動の中核をなす青年会ひのきしん隊が、おぢばの外へ派遣されるのは、これが初めてのことであった。

これほど迅速な対応ができたのは、過去の災害救援活動の実績によって、準備態勢が整っていたからである。つまり教会本部には常時、災害対策委員会が置かれており、活動資金もトラックも用意されていた。それゆえ募金を待たずして、ただちに出動できるようになっていたのである。しかも、青年会ひのきしん隊の入隊時であったことが、人員確保のうえで幸いした。

各教区においても、知らせを受けて急ごしらえの〝ひのきしん隊〟が続々と結成され、被災地に乗り込んできた。とくに東京教区には、いつでも出動可能な常備隊があった。さらに災害発生時には、近府県の教区はすぐに応援に駆けつけるという申し合わせもできていた。

こうして本教は、いよいよ本格的な救援活動に入っていくことになるのである。

救援活動の組織化へ布石

専門班を臨機に編成

伊勢湾台風の際、最も大きな被害を受けた愛知教区において、救援活動はきわめて組織化されたものとなった。

教区災害対策委員会では、他教区からも応援に駆けつけた〝ひのきしん隊〟を中心にしながら、水上班、医療班、建設班、輸送班、炊事班を独自に編成した。

これらの班は計画的につくられたというよりは、むしろ臨機応変に立ち上げられたものだった。堤防決壊による浸水、衛生状態の悪化に対する防疫《ぼうえき》、家屋の修理や解体、救援物資やひのきしん隊員の輸送、その隊員たちの食事づくりという必要な事態に迫られたのである。

別の見方をすれば、このような班をすぐに組織できるほど、本教の災害対策は体制を整えつつあったともいえる。その一つの画期をなすのが、今回の救援活動であった。組織だった活動が開始されたのは、台風襲来から一週間後のことである。これら各班が相互に連絡を取り合いながら、それぞれ担当する立場で活動した。

水上班は、九月二十六日の災害発生直後からその任に当たっていた「布教の家」に、教区青年会を加え、教会本部から届いたゴムボート七艘《そう》などを大いに活用して、名古屋市港区や南区の浸水教会に救援物資を運んだ。またゴムボートには、天理教医療伝道会派遣の医師三人、看護婦四人が分乗し、医療班として巡回診療を行った。

建設班は、大工や屋根の修理に腕のある修養科生五人と、青年会ひのきしん隊から構成された。同班は大破した教会建物を中心に応急修理を担当。これに使用する道具や材料は、すべて本部から持参した。

また、救援物資や隊員の輸送にフル稼働したのも、本部営繕課のトラック、ジープによる輸送班であった。本部からのトラックの場合、最終的には被災地とおぢばを十七回往復し、約百トンの物資を運搬した。

さらにもう一つ、後方支援隊として忘れてならないのは、婦人会本部および教務支庁の婦人たちから成る炊事班である。教務支庁は連日、二百人近い隊員たちのまかないの場となり、その裏庭には食堂用大テントが二幕、炊事用バンガローも建てられた。

徹底した〝自前主義〟

十月五日には、天理教災害対策本部としての本格的な活動が始まった。（⇩98ページ・コラム「各教区隊の活動内容・時期・場所」）

前日、現地入りした青年会ひのきしん隊の約百人は、他教区の中で最も早く駆けつけた静岡教区隊と合流。教務支庁で四台のトラックに分乗し、被災地へと向かった。

愛知県内の被災地に赴いたのは、地元の愛知教区をはじめ静岡、大阪、東京、兵庫、京都の六教区計九隊である。これら教区隊は、主として名古屋市と半田《はんだ》市の臨海部で活動した。当時、災害救援の常備隊を置いていた東京教区は別として、ひのきしん隊の構成メンバーはもっぱら各教区の青年会員であった。

これとは別に、部内百六十六カ所の教会のうち五十数カ所が大きな被害を受けた本愛《ほんあい》大教会では、独自に「救援隊」を組織し、大教会長自ら陣頭指揮を執って、被災した教会を中心に救援、慰問を行った。

なお、道具や生活物資、食事や宿泊などは被災地に頼らず、すべて自前で、というのが本教の救援ひのきしん隊の原則としてすでに確立しており、これが被災地での信頼を得る根拠の一つともなっていた。

伊勢湾台風での救援活動において、こうした〝自前主義〟は、水上班のゴムボート利用のほかに、建設班がジャッキを使って大がかりな家起こしをするなどの技術面でも一層本格的なものとなった。それは、やがて各教区で設立される常設の災害救援ひのきしん隊に見られるような、重機などを用いた復旧作業を先取りするものといえた。

行政・自治体とも協力

ひのきしん活動が展開されるにつれて、本教だけで単独に行う作業にとどまらず、行

台風襲来から間もなく、愛知教区を中心に組織だった救援活動が繰り広げられた（名古屋市）

政や地元自治体と協力して進めたほうが効率が良いことも、試行錯誤の中から次第に分かってきた。

たとえば医療班は、当初は単独で市内の浸水教会を中心に回っていたが、三日目以降は診療活動の効率を上げるため、市の保健所の指示で動くようになった。さらに、臨時診療所を開設するなどして活動範囲を拡大。十月二日から十日までの九日間で、診療者数は延べ三百九十八人を数えた。

一方、行政の側も本教のひのきしん活動に理解を深めていった。十月中旬から活動を開始した各教区隊が、宿舎から被災地へ移動する際には、自衛隊もまた災害救援用のトラックを提供するようになった。とくに港区内の被災地で活動に従事した京都教区と愛知教区第二次隊の場合、自衛隊のトラック十台に指揮班のジープ二台が前後につき、天理教の旗を立てて作業現場に出動したので、人々は天理教と自衛隊との組み合わせに目を見張ったという。

もちろん、基本的には両者の役割は異なったものであった。行政側では、被災地にただちに発動された「災害救助法」のもと、自衛隊や消防団と協力して被災者の避難・収容、行方不明者の捜索、救援物資の輸送・整理、炊き出し、応急仮設住宅の建設、そして決壊した堤防の修復作業など、大規模な救援・復旧活動を展開した。

これに対して本教のひのきしん隊は、人手の行き届かない場所の後片づけや道路清掃に従事するなど、被災地の生活に密着した、人々の心を温めるような作業に徹した。というのも、被災地では水につかった家から搬出された家具や畳類が、道路や空き地に山のように積み上げられたままで、人々はその処置に困りはてていたからである。

しかも、それらはヘドロ化して汚物にまみれていた。実際、活動は泥だらけになって

C O L U M N

各教区隊の活動内容・時期・場所

伊勢湾台風の際に、名古屋市およびその近隣地域に出動した各教区隊は、十月初旬から十二月初旬にわたり、三次にわたって対外的な救援活動に従事した。活動内容は、水のひいた被災地での倒壊家屋の解体、道路に堆積《たいせき》した流木、家具、畳、その他さまざまな塵芥《じんかい》や流置物の撤去、清掃活動が主体であった。

活動（実動）の時期や場所は次の通り。*

＊『伊勢湾台風』（天理教愛知教務支庁編集・発行、昭和35年3月）による。

◎第一次ひのきしん隊：10月5～14日（青年会本部と三教区隊出動）

•青年会本部ひのきしん隊（98人）　10月5～14日　熱田区内田《うちだ》町、図書《ずしょ》町など

•静岡教区隊（31人）　10月5～9日　瑞穂《みずほ》区内

•愛知教区隊〔第一次隊：半田隊〕（88人）　10月5～10日　半田市県社《けんしゃ》前、三社前道路

•大阪教区隊〔第一次隊〕（72人）　10月10～14日　瑞穂区内

◎第二次ひのきしん隊：10月30日～11月3日（五教区六隊出動）

•東京教区隊（115人）　10月30日～11月3日　南区三吉《みよし》町、鳴浜《なるはま》町、源兵衛《げんべえ》町

•大阪教区隊〔第二次隊〕（83人）　10月30日～11月3日　瑞穂区堀田通《ほったどおり》、浮島《うきしま》町、牧《まき》町など、南区白水《はくすい》町など

•兵庫教区隊（70人）　10月30日～11月3日　熱田区内田町、神戸《ごうど》町、一番《いちばん》町、大宝《たいほう》町など、南区天白《てんぱく》町

•京都教区隊（73人）　10月30日～11月3日　港区土古《どんご》町

•愛知教区隊〔第二次隊：市内隊〕（118人）　10月30日～11月3日　港区多加良浦《たからうら》方面

•愛知教区隊〔第二次隊：郡部隊〕（83人）　10月30日～11月3日　中川区向《むかい》町、八幡《やわた》町、荒子《あらこ》町、富田《とみた》町など

◎第三次ひのきしん隊：11月29日～12月3日（一教区隊出動）

•愛知教区隊〔第三次隊：津島隊〕（88人）　11月29日～12月3日　津島市瑞穂《みずほ》町、天王《てんのう》川《がわ》周辺

の重労働であった。当時、ひのきしん活動に従事した隊員たちは、「水を含んでずっしりと重くなり、腐って異臭を放つ畳の処理が大変だった」と口をそろえて述懐している。

十一月四日になると、教務支庁内の災害対策本部と同事務所は解散したが、その後も地元からの要請を受けて、月末になっても津島《つしま》市で五日間にわたる最後のひのきしん（愛知教区第三次隊）を行った。

その初日には、津島市長から感謝のあいさつを受け、隊員たちは市の土木課と衛生課から提供されたトラックやオート三輪を用いて、市内二カ所でヘドロの除去作業に従事した。季節はすでに初冬に入り、寒さが身にしみる時期になって、ようやく救援活動は終了したのである。

こうして愛知県内では、災害発生後から十二月初旬までの二カ月間にわたって、延べ七千人余りがひのきしんに参加した。

ハッピ姿で出動

隣の三重教区では、被害が大きかった四日市《よっかいち》市と桑名《くわな》市の臨海地域に対して、教区内から約百人のひのきしん隊が出動した。隊員は四日市分教会に宿泊し、十月九日から十四日まで半々に分かれて、両市の被災地で活動を繰り広げた。

四日市市の現場では、当時希少だったトラックやオート三輪を建設業者の教友から借り受け、まず被災した教会や布教所近辺の瓦礫《がれき》や汚泥を片づけるところから着手した。

ゴムボートに医師と看護婦を乗せた「医療班」は、浸水した地区で巡回診療（名古屋市）

その作業中、町内会長から頼まれ、付近の道路を残らず片づけて大いに感謝された。

桑名市の現場では当初、市の対策本部長に指示を仰いで断られたものの、市長の個人的依頼で私宅周辺の道路の片づけ作業を引き受けた。そこでの作業があまりにも目ざましかったため、翌日以降は市対策本部からの正式な依頼を受け、駅前の瓦礫の後片づけや道路清掃を行うことになり、その活動ぶりを見た各方面からも次々と要望が出されるほどであった。

当時は、一般に「ボランティア」という言葉も普及しておらず、まして有志の人々が団体で清掃するということがほとんどなかったので、本教のひのきしん活動は人々の注目を集めた。

なお、救援活動を行う際は、どの隊もハッピを着用して現地入りし、各人が作業しやすい服装で従事した。愛知における医療班もハッピ姿であった。ハッピを着ているからといって宣伝行為という意識はとくになく、隊員たちの勇んだ働きぶりを見た地域住民も、ハッピ姿を自然に受け入れたようである。

全教に先駆けて

愛知教区では、伊勢湾台風をきっかけに常設の災害ひのきしん隊創設の機運が高まり、翌三十五年八月には教区災害ひのきしん隊が結成されている。

伊勢湾台風から十年後の四十四年五月三日、愛知教区では五万人が参加して「親子ぐるみ喜びの広場」大会が名古屋市瑞穂《みずほ》グラウンドで開かれた。大会は、全教にをいがけ大運動のさなか、世界平和を祈念して挙行された。このとき、全教に先駆けて今日の災救隊教区隊、すなわち災害救援ひのきしん隊愛知教区隊が正式に発足したのである。

この教区隊は、隊長以下指揮班八人、その下に一班二十人編成の男子班五班と女子班一班の精鋭隊で組織され、いかなるときにも緊急指令一つでただちに出動できる常設の災害救援隊であった。服装なども従来のハッピや各自まちまちの作業着ではなく、隊服や装備品が完備されたものだった。

第九章　第二室戸台風 昭和36年 から台風10号 昭和45年 まで

甚大な被害をもたらした伊勢湾台風を教訓として、昭和三十六年（一九六一）十一月に「災害対策基本法」が公布された。この法律は、単に災害発生後の対策ばかりでなく、防災面でも効率を上げるための新たな総合的立法措置とでもいうべきものである。（⇒108ページ・コラム「災害対策基本法」）

これにより、総理府に中央防災会議が設置され、防災基本計画の作成・実施が推進されるなど、防災に対する責任の所在が明確になり、行政による総合的な災害対策の確立が可能となった。また、翌三十七年には「激甚災害法」が制定され、被害甚大な災害に対して特別な財政援助を行える体制が整えられていった。

一方、災害救援に尽力してきた地域の消防団については、昭和四十年ごろから常設の消防組織への切り替えが進んだ。こうした中で、本教でも次第に常設の「災害救援ひのきしん隊」結成の機運が醸成《じょうせい》されていく。本章では、その結成前夜の本教の災害救援活動の状況を取り上げてみたい。

高まる〝災救隊〟結成の機運

自治体からの期待

昭和三十六年九月十六日、台風18号が西日本に襲来。四国から近畿地方にかけての広い範囲で、暴風による家屋の倒壊や高潮による浸水などを引き起した。その被害は、全国で死者・行方不明二百二人、家屋全半壊・流失六万二千戸近く、床上・床下浸水三十八万四千戸にも上った。

この台風は、昭和九年の室戸台風とほぼ同じコースをたどり、またこれに匹敵する超大型台風だったので、「第二室戸台風」と命名された。大阪西部の沿岸地域に当たる西《にし》淀川《よどがわ》区では、防潮堤が決壊し、区内の三分の一が浸水する大きな被害に見舞われた。

本教では十八日に災害対策委員会を開き、同日午後には委員たちが被災地の慰問と被害状況の視察に出発した。その結果、最も被害の大きい大阪教区へ〝ひのきしん隊〟を派遣することになった。大阪市当局も、被災地の後片づけや清掃作業のため本教に応援を求めた。

そこで二十三日から一週間、大阪教区ひのきしん隊六十人、青年会本部と天理教校専修科を合わせた二百数十人が西淀川区や岸和田《きしわだ》市の浸水地区に出向いて後片づけを行っ

第二室戸台風の被災地で〝ひのきしん隊〟は、水浸しの畳や廃材の後片づけに奮闘（昭和36年、大阪市西淀川区）

た。隊員たちは活動期間中、天王寺《てんのうじ》区内の大江《おおえ》大教会や大阪教務支庁に宿泊。とくに西淀川区の被災地に向かうグループには、大阪市災害対策本部から移動用にとダンプカー十一台が差し回された。

ひのきしん隊は連日、大阪市災害救助隊や自衛隊の手が届きにくい路地にまで入り込み、至る所に投げ出された水浸しの畳や家財道具などを手際よくダンプカーに積み上げる作業を、日が暮れかかるころまで繰り返した。泥だらけになりながら水害後の汚物処理に力を尽くす隊員たちの姿は、被災地の住民に強い感銘を与えたようである。

岸和田市でも十九日夜、本教に救援を求めてきたため、岸和田支部は急きょ、ひのきしん隊の人員を手配。翌二十日から二十二日までの三日間で、延べ百人が臨海地区での後片づけと清掃作業に従事した。

また、徳島教区も市の要請を受け、徳島市内の主要幹線道路の清掃を担当。教区長を先頭に百人近くの教友が出動した。

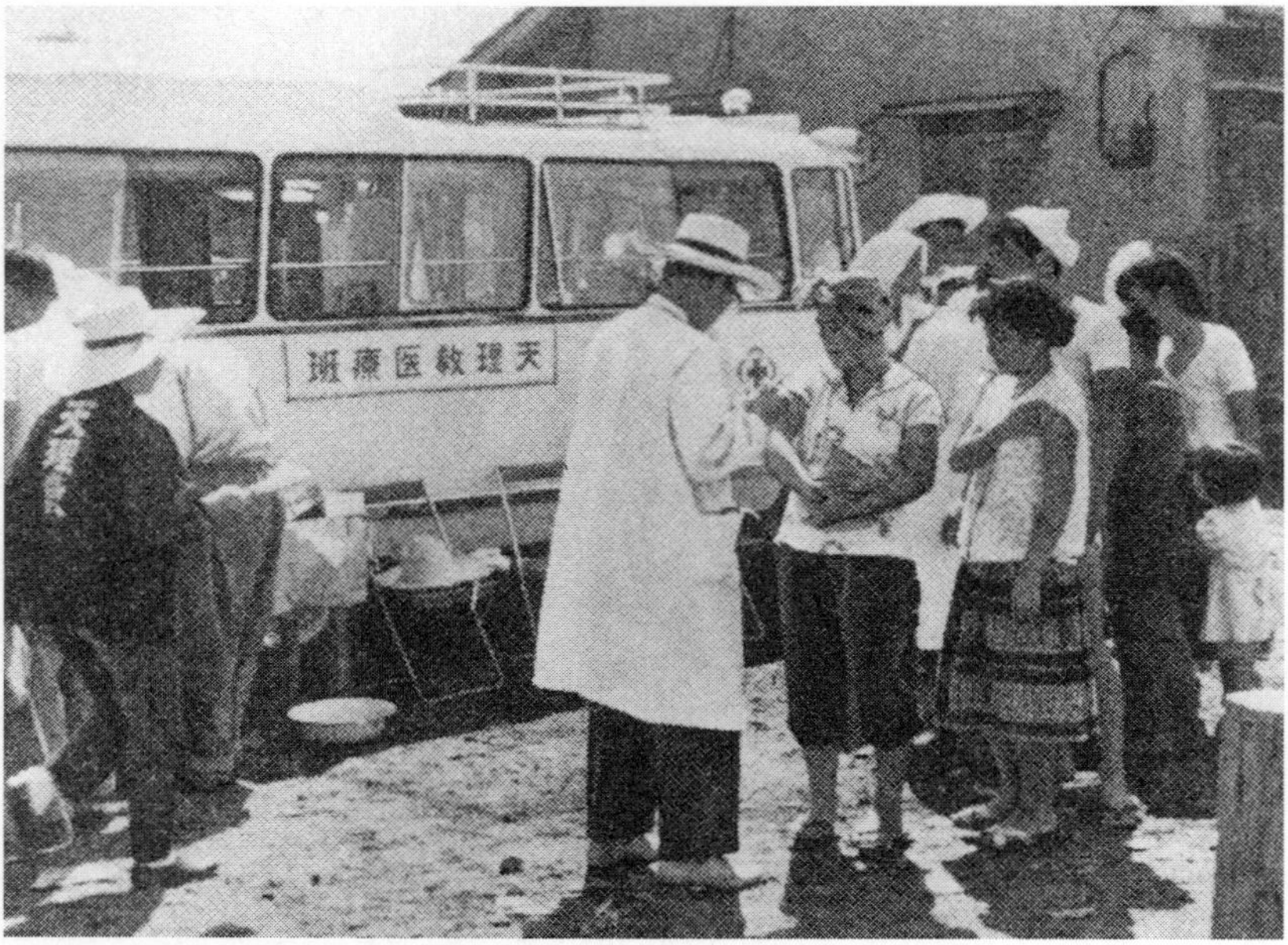

天理よろづ相談所は、被災地を巡回する無料診療車を出した（西淀川区）

西淀川区、岸和田・徳島両市へのひのきしん隊出動は、いずれも市当局からの要請を受けていることからも分かるように、本教の災害救援活動はすでに自治体から認知され、いざというときの出動を期待されていたのである。

「第二室戸台風」の救援活動で、もう一つ特筆すべきは、天理よろづ相談所（病院）の医師や看護婦から成る医療班の出動である。これは伊勢湾台風での経験を生かし、最初から大阪市災害救助隊への協力という形で行われた。

医療班は二十一日から二十四日まで、西淀川区内に無料診療車を出して西淀川保健所の医療班に合流。区内の被災地一帯で巡回診療した。汚物が堆積《たいせき》した道路わきや空き地などで、悪臭もただよう中、被災者の外傷の手当てや内科治療、予防注射を行った。四日間の診察総数は実に五千二百件近くに達した。保健所の診療活動に協力したのは、本教の医療班以外に生命保険会社一社がわずか一日出たのみで、それだけに保健所側は本教の応援に感謝の言葉を惜しまなかった。

相次ぐ出動の申し出

昭和三十九年六月十六日午後一時すぎ、新潟地方をマグニチュード7・5の大地震が襲った。日本海沿岸では津波のため、住宅の床上・床下浸水が一万五千戸にも上った。この地震では、砂地盤の地域で液状化現象が発生し、多くの鉄筋コンクリートの建物が傾斜・倒壊した。また、石油コンビナートで大火災が発生して二週間にわたり燃え続けるなど、災害も都市型に変化してきた。

これにより、市民の日常生活を支える電気・ガス・水道などのライフラインの被害もきわめて大きかった。政府は「災害対策基本法」に基づいて非常災害対策本部を設置。復旧のため大規模な自衛隊の出動となった。また中央防災会議は、この「新潟地震」を激甚災害に指定した。

当日の午後三時、地震発生の報を受け、教会本部でも災害対策委員会を開いて慰問使派遣を決定。翌々日には早速、救援物資の第一便を新潟へ届けた。

第一次隊は、天理教校専修科生から成る本部隊六十三人で、二十一日に列車で現地入り。翌日から七月一日まで、新潟教務支庁に宿泊しながら活動を展開し、教会本部から

COLUMN

災害対策基本法

「災害対策基本法」は、全十章百十七条から成るわが国防災行政の基本的法律である。

この法律は、防災に関して、次の三つの目的を有している（第一章「総則」より）。

一、国や地方公共団体やその他公共機関を通じて、必要な体制を確立し、責任の所在を明確にする。

二、防災計画の作成、災害予防、災害応急対策、災害復旧および防災に関する財政金融措置など、必要な災害対策の基本を定める。

三、総合的かつ計画的な防災行政の整備および推進を図り、これにより社会秩序の維持と公共の福祉の確保に資する。

防災に関する組織については第二章に定められ、内閣府に中央防災会議を置くとともに、都道府県または市町村にも防災会議を置いて、それぞれのレベルで防災基本計画を作成し、その実施を推進することが決められている。

また非常災害が発生した場合は、臨時に内閣府に非常災害対策本部を設置できるとした（災害の規模がきわめて大きく、国の経済や公共の福祉に関《かか》わるほどの激甚な事態の場合、緊急災害対策本部の設置となる）。

以下、この法律においては、防災計画の内容や訓練義務、災害発生時の応急対策や復旧事業、また、これらのために必要な各種の財政金融措置について詳細に規定されている。

◇

災害対策基本法に附属あるいは関連する法令も、「災害救助法」や「激甚災害法」（激甚災害に対処するための特別財政援助に関する法律）などを含め、現在では三十数種類にも上る。また自然災害に対応するだけではなく、平成十一年九月に発生した〝東海村臨界事故〟を教訓に、災害対策基本法の特別法として「原子力災害対策特別措置法」が同年十二月に成立している（施行は平成十二年六月）。

到着した八台のトラックや十五台の一輪車を使い、泥まみれになった家具や廃品の山を次々と片づけていった。隊員たちは「おやさとふしん」の黄色いヘルメットをかぶり、教区青年会員三十人と共に復旧活動に奮闘した。

次いで六月二十四日から七月三日まで、地元の新潟教区隊に加えて、東京、大阪、長野、神奈川、群馬の五教区隊も駆けつけ、計百七十五人が第二次隊として作業に当たった。常設の精鋭隊である東京教区のひのきしん隊は、狩野川台風、伊勢湾台風の救援に次いで、三回目の出動となった。

このときの出動に関しては、各教区からも出動の申し出が多くあったという。しかし、教務支庁や新潟大教会などの宿泊施設の規模に制限があったため、すべての人員を派遣できなかった。被災地に迷惑をかけないために、あらゆることを自前で行う本教のひのきしん隊の方針からして、野営のためのテント設営についても検討していく余地が残された。

地域ひのきしんの展開めざし

昭和期最大の梅雨災害

昭和四十年代に入ってからも、台風や梅雨による豪雨水害のたびに、被災地の当該教区を中心に災害救援のひのきしん隊がただちに編成されて出動した。

四十二年（一九六七）七月八日夜から十日朝にかけて、台風7号の勢力が衰えた熱帯低気圧が、西日本に停滞していた梅雨前線を刺激して、局地的な集中豪雨をもたらした。近畿地方以西を中心に被害は二十四府県に及び、死者・行方不明三百七十一人、住宅の全半壊・流失二千四百四十戸余り、床上・床下浸水も三十万戸を超えた。この豪雨災害は「昭和四十二年七月豪雨」と呼ばれる昭和期最大の梅雨災害の一つであり、神戸、長崎、呉《くれ》のような背後に山が迫る市街地での山崩れや土砂災害が目立った。

豪雨直後の十日午後、教会本部では災害対策委員会が開かれ、各地の被害状況や復旧の見通しを検討、また慰問使やひのきしん隊の派遣について協議を行った。その結果、被害の大きかった長崎、佐賀、広島、兵庫の各教区に慰問使を派遣することに決定。また、兵庫教区管内で最も被害が大きかった神戸市には、本部からひのきしん隊を出すことになった。

翌十一日朝、おぢばから大型トラック四台、小型トラック一台とともに、天理教校専修科生百五十人（うち女子三十九人）から成る「本部ひのきしん隊」がバス二台に分乗して出発。一方、兵庫教区でも青年会が中心となって「兵庫教区災害特別ひのきしん隊」を結成することになり、十日夜になって管内全支部に動員令が出された。

教区のひのきしん現場は大倉山《おおくらやま》海員会館前と決まった。まだ雨の残る中、しかも急な動員にもかかわらず、教友たちは次々と参集してきた。なかには淡路島や日本海側の豊岡市から駆けつけた人もいた。女子青年たちが炊き出した百人分のおにぎりでは間に合わず、正午にはさらに百人分を追加した。路上には家財道具や畳などが搬出され、異臭を放っている。ハッピを着た若い隊員たちは、泥まみれになりながら廃品の山を片づけたり、土砂を取り除いたりして献身的に働いた。

おぢばからの「本部ひのきしん隊」は昼すぎに到着。宇治川《うじがわ》筋の兵庫区菊水《きくすい》町で作業に着手した。ここは集中豪雨による鉄砲水が発生し、町内の約五百戸が床上浸水になるなど、大きな被害が出た所だった。流れてきた土砂に交じり、流木や家具、畳類が泥だらけになって路上に散乱していた。隊員たちは持ち前の機動力と統率のとれた行動で、トラックに積んできた一輪車やシャベル、手カギなどを駆使しながら、これらの堆積《たいせき》物の撤去作業に取り組んだ。

また、広島教区でも十六日、教区長をはじめ八十四人の教区ひのきしん隊が、呉市の被災現場へ出動した。隊員たちは三班に分かれ、水につかった畳や家具類などを搬出し、土砂を除去した。これに、おぢばから出動した大型トラック三台が加勢し、作業は十八日まで続けられた。

高知水害に救援隊

昭和四十五年八月二十一日夜半に高知県に上陸した台風10号は、四国から中国地方を縦断するルートで日本海へ抜け、西日本に大きな被害をもたらした。とくにその直撃を受けた高知県では、高潮により四万戸以上が浸水した。

教会本部の災害対策委員会では、慰問使を高知、愛媛の両県へ派遣。その報告に基づき、本部として災害救援ひのきしん隊の出動を決定した。

その第一次隊として、炊事本部、営繕課、電気課などの教庁各部署および天理教校専修科と青年会ひのきしん隊から成る計百八十八人（うち女子二十人）が三十日から六日間、被害が大きかった高知市内を中心に後片づけと清掃活動に従事することとなった。

これより先に出動した自衛隊が市内の表通りの復旧活動を行っており、本教ひのきしん隊はそのあとを引き受ける形で、自衛隊の手が届かない地域を手がけることになった。

この出動に際しては、教会本部および高知と徳島の両教区からダンプカーやトラック十七台などを含む二十四台の車両が提供された。隊員たちは、道路にうず高く積み上げられた廃材や塵芥《じんかい》の山を手際よく片づけるとともに、これらの車両を駆使して連日、汗と泥にまみれながら搬出作業を進めた。

予定より早く作業がはかどったため、実動の日程を繰り上げて九月三、四の両日、相次いでおぢばに帰ることができた。また、当初予定されていた第二次隊の派遣は取りやめとなった。

常備隊の構想が具体化

いつ災害が起きても出動可能な、本格的な常備隊の必要性が全教的に認識されるようになったのは、そのような昭和四十年代の時期であった。

教内的にも、そのきっかけとなる出来事があった。昭和四十年、よふぼくが相互にたすけ合い、布教活動を活性化させるための〝横〟のつながりの組織として「天理教よのもと会」が新発足したのである。その目的達成のための一つとして「ひのきしんの推進」が会則にも定められた。

こうしたよのもと会活動の一環として、たとえば翌年三月には奈良教区ひのきしん隊が百十人の隊員で結成。同月二十七日、本部神殿南礼拝場前で結成式が行われた。この時すでに、隊としてマイクロバスとトラックを八台ずつ出せる態勢が整っており、隊員は全員「奈良教務支庁」のハッピ、ヘルメット、腕章をつけることになっていた。

昭和四十四年十月のよのもと会総会では「ひのきしんの励行」が活動方針として打ち出され、翌年一月には、表統領の直属機関として教庁内に「ひのきしんセンター」が設けられた。（⇒114ページ・コラム「『ひのきしんセンター』について」）

COLUMN

「ひのきしんセンター」について

「ひのきしんセンター」は、昭和四十五年一月十日に天理教教庁内に表統領の直属機関として設置され、翌年十二月に国内布教伝道部（当時）の所属機関となった。同センターがひのきしん活動の推進に果たしてきた役割はきわめて大きなものがある。

同センターの業務は、おおよそ次の四点にまとめられる。

①全教区・支部等における地域ひのきしん活動の推進および情報収集。

②全教区・支部等における地域ひのきしん活動の分析と開発。

③よのもと会ひのきしん部との連携による、全教区での「災害救援ひのきしん隊」の結成と訓練の促進。

④高校生を対象とした「青少年ひのきしんキャンプ（YHC）」運動の推進。

しかし、ひのきしんの推進体制が整うにつれて、ひのきしんセンターで行ってきた業務のうち、主要業務である①と②は、ひのきしん実動よふぼくの育成を目指す「ひのきしんスクール」（昭和五十五年三月開設）に移行。③の「災害救援ひのきしん隊」はよのもと会に、④の「青少年ひのきしんキャンプ（YHC）」は学生会にと、その所管がそれぞれ引き継がれたため、ひのきしんセンターは五十六年三月に発展的に解消された。

ひのきしんスクールは、そもそも同センターによって発案され、よのもと会ひのきしん部および天理教社会福祉研究会で構想が検討された。当初の運営主体は同センターであったが、機構改正に伴う同センターの解消により、福祉課へ移管された（平成十一年には新設のひのきしん課へ移管）。なお、ひのきしんセンターでは、とくに「ひのきしん開発プロジェクトチーム」を設けていた。

その研究報告集が『地域社会に於《お》けるひのきしん開発の諸問題』（ひのきしんセンター編・発行、昭和46年11月）として一冊にまとめられている。

この年十一月の教区長会議の席上、教区の次年度活動方針の説明の中で、前川正通《まえがわまさみち》表統領室長（当時）は、積極的なひのきしんの実践の一環として「災害救援に対応できるひのきしん隊」についても考えていきたいと述べた。そして、このような活動の主力は若い層なので、青年会が主力となって「ひのきしん実践チーム」を作り、企画し実施していってほしいと期待を表明した。

災害救援ひのきしん隊の構想は、地域におけるひのきしんのより実りある展開を目指していた青年会活動の延長線上でも出てきており、結果としてこれが「ひのきしんセンター」で具体化されていくことになる。

こうした構想のもと、全教的な編成計画が練られると同時に、また教区隊の結成も呼びかけられた。四十六年八月には、災害救援ひのきしん隊教区指導者の合宿訓練をおぢばで開催した。この時期からのち、各教区では「災害救援ひのきしん隊」（災救隊）教区隊の結成が相次ぐことになる。また、それ以前からすでに成立していた教区隊の中には、正式な災害救援ひのきしん隊として実動するところも現れた。

たとえば四十四年五月、全教に先駆けて最も早く災救隊教区隊を発足させた愛知教区では、同年の八月五日未明、県内を襲った台風7号により浸水の被害が出た新城《しんしろ》市や宝《ほ》飯《い》郡一宮《いちのみや》町に、隊員七十人を二日間にわたり出動させている。

六日には、数人のグループに分かれて被災地の各家庭を回り、泥だらけになった家具などの搬出を手伝った。その中には、だれも手をつけなかった養鶏場の一万三千羽の死骸の後片づけがあった。腐乱が進み悪臭を放っていたが、これをものともせず、死骸の山を次々とトラックで運び出した。翌日は新城市の桜淵《さくらぶち》公園近辺に隊員を集結させ、道路の土砂を除去するとともに家庭から出されたゴミの搬出に奔走した。

また、正式な教区隊としての届けこそ出されていなかったが、それに近い形で成立していた新潟教区の災害救援ひのきしん隊も、同年八月中旬、集中豪雨の被災地である加《か》茂《も》市に出動。三日間で延べ三百六十九人が実動し、自衛隊の手の行き届かない市内の裏通りを中心に後片づけを行った。その献身的な作業ぶりを見た市民の目に、教友たちの勇んだハッピ姿が強く印象づけられたに違いない。

【参考文献】

第六章

◎災害・歴史関係

『災害救助誌――災害救助法二十年の記録』（厚生省社会局施設課監修、災害救助問題研究会発行、昭和42年）。

『大正昭和福井県史』下巻（福井県、昭和32年）。

『福井県史　通史編6　近現代二』（福井県、平成8年）。

◎天理教関係

『福井震災展望』（宇野晴義編、天理教福井教務支庁、昭和24年）。

『天理時報』昭和23年7月4日、7月11日、7月18日、7月25日、8月1日、8月8日、8月15日、8月22日号。

『天理教婦人会史』第一巻（天理教婦人会本部、平成2年）。

『天理教集会史』第一巻（天理教集会、平成4年）。

『北ノ荘　創立八十周年記念誌』（天理教北ノ荘分教会、平成3年）。

第七章

◎災害・歴史関係

『災害救助誌――災害救助法二十年の記録』（昭和42年）。

『都市の自然災害』（稲見悦治著、古今書院、昭和51年）。

◎天理教関係
『天理教東京教区史』第四巻（天理教東京教務支庁、昭和54年）。

『天理教集会史』第一巻（平成4年）。

『天理時報』

昭和25年9月10日、9月17日号。

昭和28年7月5日、7月12日、7月19日、7月26日、8月2日、8月23日、9月13日、10月12日号。

昭和33年10月5日、10月12日号。

第八章
◎災害・歴史関係
『伊勢湾台風の全容』（中部日本新聞社、昭和34年）。

『伊勢湾台風災害誌』（名古屋市総務局調査課編、名古屋市、昭和36年）。

『伊勢湾台風災害誌』（三重県、昭和36年）。

『災害救助誌——災害救助法二十年の記録』（昭和42年）。

『都市の自然災害』（昭和51年）。
◎天理教関係
『天理時報』

昭和34年10月4日、10月11日、10月18日、11月1日、11月25日、12月13日号。

昭和44年8月24日号。

『愛知教区報』123号、124号（昭和34年）。125号、134号（昭和35年）。

『陽気』（養徳社）昭和34年12月号。

『伊勢湾台風』（天理教愛知教区編集・発行、昭和35年3月）。

『ほんあい』（本愛社（天理教本愛大教会）124号、125号、126号（昭和34年）。

◎取材協力

岩田正雄・知立分教会長、伊藤義正・本東海分教会前会長、久野清春・愛徳分教会長（以上、愛知教区）。

佐藤道廣・桑阪分教会長、水谷勉・勇昭分教会長、明石正道・大和区分教会長（以上、三重教区）。

第九章

◎災害・歴史関係

『新潟地震の記録』（新潟日報社、昭和39年8月）。

『消防大鑑』（自治省消防庁監修、財団法人日本消防協会編纂・発行、昭和36年）。

『大地震マグニチュード7・9――一〇〇万人が死ぬ日本大震災』（全国加除法令出版、昭和46年）。

「災害対策基本法」「災害救助法」（岩波書店『大六法』より）。

◎天理教関係

『天理時報』

昭和36年9月24日、10月1日号。

昭和39年6月21日、6月28日、7月5日号。

昭和40年1月17日、5月30日、7月4日、9月26日号。

昭和41年4月3日、8月14日号。

昭和42年1月16日、7月23日号。

昭和44年8月24日、8月31日、11月2日号。

昭和45年2月8日、8月30日、9月6日号。

『赤心』148号（天理教大阪教務支庁、昭和36年11月1日）。

『新潟理生』221号（天理教新潟教務支庁、昭和46年9月4日）。

『教区長会議会議録』（昭和45年11月27日）。

『新たな明日をめざして――災害救援ひのきしん隊10年の歩み』（天理教災害救援ひのきしん隊本部編集、天理教よのもと会事務局、昭和58年1月26日）。

「ひのきしん史概要」（金子圭助著、おやさと研究所編『やまと文化』第51号（昭和47年）。のちに天理教社会福祉研究会『天理教社会福祉』第6号〔平成11年5月〕に転載）。

『地域社会に於けるひのきしん開発の諸問題』（ひのきしんセンター編・発行、昭和46年）。

◎取材協力

久保隆・田原分教会長（災救隊奈良教区隊初代隊長）。

第三部　災害救援ひのきしん隊発足以後

第十章　災救隊、各教区で始動

大規模な自然災害は、しばしば起こるものではない。常設の災害救援ひのきしん隊を結成したものの、平素の運営はどうすればいいのか。また、訓練や実動の際の費用負担も決して小さなものではなく、関係者は頭を痛めた。

しかし、もし災害が起こったならば、救援活動は必須となる。また、災害救援のひのきしん活動は、大勢の道の若者が中心となって行われる。そこでは各自の信仰が問い直される場面もある。

青年会本部では、こうした確信のもと、災害救援ひのきしん隊の本格結成を決めた。昭和四十六年（一九七一）には結成要項も作られ、『天理時報』で各教区隊の結成を呼びかけた。この年をもって、今日の災害救援ひのきしん隊の正式発足とする。（⇩128ページ・コラム「各教区隊の結成時期」）

また、この年の十二月には災救隊の管轄が、青年会からよのもと会ひのきしん部（当時）へと移された。

翌四十七年八月、正式名称を決定。「天理教災害救援ひのきしん隊〇〇教区隊」と呼ぶこととなった。（本書でも以下、災救隊〇〇教区隊と略す）

この年から教区隊の結成が本格化していく。それはまた、教祖《おやさま》九十年祭（昭和五十一年）を迎えるに当たっての、年祭活動の一環としても意識されるようになった。

“有事即応”体制が本格化

日常の訓練を促進

常設の災救隊となれば、日ごろの訓練がものをいう。昭和四十六年八月二十七、二十八の両日、青年会ひのきしん実践実行委員会主催による災救隊の教区指導者合宿訓練が親里で行われ、三十七教区から計百二人が参加した。

主な内容は、災害救援の心構え等についての講義や規律訓練であった。新たに結成された教区隊には、ヘルメットおよび助成金の交付、また常設の各隊には訓練費を支給することも決定した。この合宿訓練により、教区隊の結成に一層拍車がかかった。

これ以降、独自に野営訓練をする教区隊や、自衛隊に体験入隊をして規律訓練を学び、その成果を取り入れる教区隊も現れた。

四十八年二月、第一回災救隊隊長会議が開かれ、従来の規律訓練ばかりでなく、実践訓練の促進についても強調された。この年の六月、奈良県宇陀《うだ》郡の蛇谷《じゃたに》山で、四十教区から計百四十人が参加して幹部訓練が行われた。参加者たちはテントを張って野営。丸太で橋を架ける作業や、道路整備の土嚢《どのう》作りなどの実践訓練に励んだ。

翌年八月には、青森県の十和田《とわだ》湖畔で、東北・北海道ブロックの教区隊幹部クラスが集まり、三日間の合同訓練を行った。これは近隣教区の応援態勢づくりを主目的としており、九教区から百二人が参加した。こうした幹部訓練や隊長会議は、五十二年以降、毎年実施されることになる。

各教区隊の初出動

結成をみた各教区隊は、毎年のように各種災害の被災地へと出動したが、ここでは主なものだけを紹介する。

まずは昭和四十七年、日本全国に大きな被害を出した、いわゆる「四十七年七月豪雨」での救援活動が挙げられる。

被害を受けた各教区は、ただちに活動を開始した。なかでも町の八割が浸水するなど、大きな被害が出た島根県中部の桜江《さくらえ》町には、本部隊四十八人に島根、鳥取両教区隊二十人が合流して〝天理教島根災害救援ひのきしん隊〟を結成した。隊員たちはダンプカー五台や一輪車などを駆使し、小学校や町内の道路の清掃に努めた。

また広島教区でも、豪雨により〝陸の孤島〟と化した三次《みよし》市に教区隊八十人が出動した。当初は三日間の活動予定であったが、市当局の懇望により第二次隊六十人も派遣さ

昭和47年７月、各地で豪雨水害が発生。災救隊の合同隊は、島根県下にも出動した（桜江町）

れた。

四十八年九月には、青森教区隊五十七人が台風20号の影響による集中豪雨禍《ごうか》のむつ市に初出動。市内の道路に流れ出た土砂を除去する作業に当たった。

翌十月には北海道教区隊も初めて出動し、津軽海峡に面した道南部の知内町《しりうち》の山津波現場へと向かった。同隊は、自衛隊の手の行き届かない路地裏や民家に流入した泥土を取り除いたほか、倒壊家屋の解体作業を担当した。このときは、五日間で延べ五百三十五人が活動した。

四十九年五月九日に発生した伊豆半島沖地震の際には、地震発生の翌日から静岡教区隊が南伊豆地方の被災地へ向かった。倒壊した個人宅の取り壊しや片づけ、道路の補修、被災家屋からの家財道具の搬出を引き受け、四日間で延べ四百七十一人が活動に従事した。

五十一年九月、「第二室戸台風」以来の大きな被害をもたらした台風17号の際にも、各教区隊が迅速に動いた。

本部隊七十八人はすぐに岐阜市内の被災地に駆けつけ、岐阜・愛知両教区隊と共に土砂や汚泥の除去作業に尽力した。また兵庫教区隊の百二十人は瀬戸内海の家島《いえじま》本島へ、香川教区隊も大川郡津田《つだ》町と小豆島《しょうどしま》の被災地に計百七十余人が出動した。

高知市では、高知教区隊六十人に大阪・徳島両教区隊の百五十二人が加わり、路地裏を軒並み回って、泥にまみれた畳や家財道具の運び出しに汗を流した。このほか岡山、佐賀、大分、鹿児島の各教区隊も出動した。

災救隊が結成されて五年のうち、教区隊の出動は延べ七十件を数えた。これ以外にも、火災に遭った教会の後片づけなど、小規模な活動は枚挙にいとまがない。

尊い犠牲を教訓に

各教区隊の出動が相次ぐ中で、問題点も生じてきた。その反省から、さまざまな対策が講じられるようになった。

第一には、行政や地域との連絡関係を一層密にすることである。昭和四十七年の「七月豪雨」の際、高知県の土讃《どさん》線繁藤《しげとう》駅で発生した大規模な山崩れのため、高知教区隊は百数十人の災救隊を編成して出動した。しかし、現場は危険な状況だったため、自衛隊や警察機動隊に行方不明者の救出作業を任せて、教区隊は捜索隊員の宿泊所であり避難所となった繁藤大教会で待機し、宿泊者の世話取りや炊き出しに当たった。

ところが、災救隊がいざ撤収しようとしたとき、自衛隊や地元消防団は難色を示し、県当局との折衝でようやく決着をみた。災害時における本教への期待が大きいゆえに、地元や行政との連絡を緊密にするべきという教訓を、これを機に確認したのである。

第二に、これが最も大切なことであるが、隊員の安全対策が挙げられる。

高知での山崩れは、六十数人が生き埋めになるという大惨事だった。実は、これほど被害が拡大したのは、最初の土砂崩れで生き埋めになった人を救出しようとして、二次災害が発生したためである。このとき、救出に向かった教友三人も犠牲となった。

災救隊には、たとえ地元の災害対策本部から要請があっても、危険な場所は専門家に任せるという原則がある。このときの尊い犠牲を教訓にして、隊員の安全対策が一層はかられるようになった。

その一つの表れが、昭和四十九年から交付されるようになった「隊員証」である。これは災救隊員としての自覚を高めるとともに、災害救助法適用地で活動する際に万一の事故が発生した場合、国家賠償法による補償が適用される証明となる。

これに関連して、翌五十年からは、けがや急病の応急処置技術の習得をめざす日本赤十字社の救急員資格講習会が開かれるようになった。

そして第三には、本教としての〝有事即応〟体制を整えるため、災救隊の装備をより本格的なものにすることである。出動を重ねる中で、ダンプカーやクレーン車、ベルトコンベアーなどの重機、また給水車など、機動力をもって活動できる体制づくりが不可欠となってきた。

しかも災害の違いによっては、ヘドロの排除、ごみの撤去、土砂の除去など作業内容も異なってくるため、これらに対応する道具類を常に備えておく必要があった。また出動時には、どんな装備が必要なのか、素早い状況判断が求められるのである。

COLUMN

各教区隊の結成時期

災救隊の各教区隊は、昭和四十四年の愛知教区隊を皮切りに、全国で次々と正式結成されていった。その結成年月日は次の通り。

44年5月3日　愛知教区隊
45年4月7日　鳥取教区隊
9月21日　青森教区隊
11月3日　千葉教区隊
46年5月9日　福岡教区隊

5月23日　愛媛教区隊
6月4日　熊本教区隊
7月4日　新潟教区隊
8月1日　高知教区隊
8月9日　東京教区隊
〃　広島教区隊
9月2日　兵庫教区隊
10月3日　宮崎教区隊

11月3日	山口教区隊
〃	三重教区隊
12月1日	秋田教区隊
〃	岡山教区隊
12月3日	佐賀教区隊
12月5日	福井教区隊
〃	神奈川教区隊
〃	北海道教区隊
12月26日	京都教区隊
47年2月28日	和歌山教区隊
3月2日	山梨教区隊
3月19日	宮城教区隊
4月1日	栃木教区隊
4月4日	長崎教区隊
5月6日	岐阜教区隊
5月28日	茨城教区隊
6月3日	大分教区隊
6月18日	鹿児島教区隊
7月4日	徳島教区隊
7月8日	群馬教区隊
7月23日	長野教区隊
7月24日	島根教区隊
9月1日	滋賀教区隊
9月30日	静岡教区隊
10月3日	福島教区隊
10月10日	大阪教区隊
11月12日	奈良教区隊
49年7月7日	沖縄教区隊
11月4日	山形教区隊
50年10月31日	香川教区隊
51年7月18日	埼玉教区隊
52年6月2日	石川教区隊
7月3日	富山教区隊
10月30日	岩手教区隊

地域での緑化活動を軸に

結成五周年記念大会

本節では、昭和五十一年（一九七六）の災救隊の正式結成五周年から五十七年の結成十周年に至る、災救隊初期の活動の歩みについて述べる。

昭和四十八年には、隊の精神をうたった『宣誓』（「我々は、天理教災害救援ひのきしん隊員であります。一れつ兄弟の自覚に立ち、真実をもって救援活動にあたります」）を制定。また、隊員の心得や規律訓練についても整えられた。

隊の運営や訓練のあり方にも、同年の第一回幹部訓練と翌年の十和田湖《とわだ》畔での合同訓練における経験をもとに、全教的な統一規範が定められるに至った。

隊員の制服や靴、教区隊としての装備等は統一されなかったものの、隊のマークも制定され、教区隊の結成と同時にヘルメットが本部から支給されるなど、徐々に精鋭隊としての災救隊の服装も整備されていった。

昭和五十一年、災救隊は四十六年の結成から五周年を迎えた。災救隊の組織と運営、規律と心得、災害時の出動態勢、野営や救急法などの技術を盛り込んだ『隊員必携』の第一版が、これに合わせて発行された。

災救隊の結成５周年記念大会には約2,100人の隊員が結集。３代真柱からお言葉があった（昭和51年10月26日、教会本部中庭）

この年の十月二十六日、「連帯と躍進」のテーマのもと、教会本部中庭で「災害救援ひのきしん隊結成五周年記念大会」が、青年会ひのきしん隊員を含む二千九十二人が結集して開催された。記念式典に先立ち、パレードが行われた。

式典では、中山善衛《なかやまぜんえ》三代真柱があいさつに立たれ、これまでの災救隊員の活躍をねぎらい、その心構えについて述べられた。（⇩132ページ・コラム「三代真柱お言葉」）

このときの三代真柱のお言葉を指針として、災救隊の「三つの基本路線」が次のように定まった。

一、災害救援以外の日常ひのきしんを活発にすること。
二、隊員の信仰的成人を一層はかること。
三、訓練を充実させること（作業の導入、技術の習得、教区間の連携）。

災救隊を結成した教区は、四十六年八月の教区指導者合宿訓練前の時点ではわずか十一教区だったが、五周年の際には四十四教区隊、支部単位による独自の隊も結成されるなど、隊員総数は四千七百九十四人に上った。

COLUMN

三代真柱お言葉

三代真柱は、災救隊結成五周年記念大会の際のあいさつの中で、災害救援において実動した隊員をねぎらわれたあと、ひのきしん活動の意義と災救隊員の日常の活動のあり方について諄々《じゅんじゅん》と諭された。これらの個所を、お言葉の中から紹介する。

◇

（災救隊員へのねぎらいの言葉）

「皆さん方は、災害救援ひのきしん隊員として、事あれば活動に参加してくださり、特に最近では、先月の台風17号によって被害を受けた地区へ、多数の方々が真実の救援活動をもってひのきしんに励んで頂いて、まことに御苦労様でした。罹災地《りさいち》の教会あるいは布教所や、また町村役場などから、私のもとに喜びの手紙がまいっていることも、ここで報告しておきたいと思います。改めて、皆さん方の御苦労を厚くおねぎらい申したいと思うのであります。ありがとうございました」

◇

（ひのきしん活動の意義について）

「ひのきしんとは、根本的に信仰の喜びを日々《にちにち》の行いとして表すことでありますから、親神様に対する御恩報じの気持ちから身をもって勤めさせてもらうことは、悉《ことごと》くひのきしんであって、むしろ、その姿形は千差万別だと言えましょう。土を持つ場所がないからひのきしんができないのではないのであります。欲を忘れて信仰のままに、素直に身をもって行っていくことは、悉くひのきしんであります」

◇

（災救隊員の日常的なあり方について）

「どうか、災害救援ひのきしん隊の皆さん方は、災害がくるのを待ってひのきしん活動をするのではなくて、災害を頂かなくても済むように、そのためには、親神様の思召《おぼしめし》を素直に受けて、与えられた日々に、喜んで思召にふさわしい道を実践するような、いわゆるひのきしん活動の先達となって動いて頂きたい。これが、皆様方に対する私の願いであります。

もちろん、災害があったならば、いち早く駆けつけて頂きたい。しかしながら、その災害は少ない方がいいのであります。ない方がいいのであります。ないからと言うて、皆さん方がひのきしんをする場がなくなるのでは決してないのであります。災害救援のみのひのきしん隊ではなく、日頃《ひごろ》から土地所におけるひのきしん活動の先頭に立ち、それこそ中核となって、広く世界たすけの推進力となって、活躍をして頂きたい」

◇

三代真柱は、災救隊に対して、災害救援だけの専門の隊ではなく、日常的な地域でのひのきしん活動に力を入れてもらいたい、そして災害を頂かなくても済むような親神様の守護を賜《たまわ》るように、そうした活動にいそしんでもらいたいという旨を、その後も事あるごとに強調されている。*

＊中部ブロック総合訓練（五十六年六月一日）、災救隊結成十周年記念大会（五十七年四月十九日）、同二十周年記念大会（平成三年五月二十五日）におけるお言葉を参照。

北国の雪害救援にも

台風などによる豪雨水害や大規模な地震など、大きな災害が発生するたびに、災救隊の出動が続いた。

結成五周年から十周年までの主な出動状況を列挙すると、昭和五十二年八月には青森県弘前《ひろさき》市（豪雨水害）へ延べ百五十一人、九月には北海道虻田《あぶた》町（有珠山《うすざん》噴火）へ延べ七百十二人、五十三年一月には伊豆半島（伊豆大島近海地震）へ延べ六百人、五十四年十月には岡山県久米郡柵原《やなはら》町（台風20号風水害）へ延べ三百五十人、静岡県磐田《いわた》市（同）へ延べ百人、五十六年一月から二月にかけては新潟県下の「昭和五十六年豪雪」に延べ七百五十人、八月には北海道江別《えべつ》市（豪雨水害）に延べ四百五十人が出ている。

このうち、複数の教区隊により組織的な形で初めて行われた雪害救援活動として、五十六年の新潟における例を取り上げてみたい。

北陸地方では、この年の初め、記録的な大雪に見舞われ、各地で雪崩《なだれ》や雪の重みによる家屋の倒壊が相次いだ。教会本部の災害対策委員会では、新潟教区長の要請を受けて一月三十日、「新潟雪害救援ひのきしん隊」を結成。同日、地元の新潟教区隊の四十七人が栃尾《とちお》、長岡《ながおか》の両市および上越《じょうえつ》市へ出動した。翌日には、本部隊八人を含む埼玉、群馬両教区隊の計六十三人も応援のため、それぞれ十日町《とおかまち》市や魚沼《うおぬま》方面へと駆けつけた。

隊員たちは、派遣要請のあった母子家庭や老人だけの世帯、保育所、また各教会や布教所、国道や学校通路などに出向き、除雪作業にかかった。場所によっては、角スコップなどを用いて、二階の窓の高さまで積もった雪を下ろしたり、屋根の巨大な雪塊を切り崩すなどして、次々と流雪溝《りゅうせつこう》へ流し込んだり、ダンプカーに積み込んでいった。「これほどの積雪は初めて」という隊員も少なくなく、慣れないカンジキを履いて連日、雪と格闘。この除雪作業には、地元の支部からも教友が多数加わった。

結成十周年を迎えて

その後も災救隊の組織整備は着々と進み、毎年一、二回開催の隊長会議では、教会本部の方針が伝えられ、教区隊相互の情報交換も行われるようになった。幹部訓練も毎年開かれ、このころから各教区隊は年一回以上、訓練を行うことが義務づけられた。

さらに、専門技術の習得にも力を入れた。五十年に始まった日本赤十字社の救急員資格講習会に次いで、五十五年以降は水上安全法救助員養成講習会が同じく日本赤十字社の支援を受けて毎年開催されるようになった。

五十六年十月には『隊員必携』が大幅に改訂された。改訂版には「おふでさき」の抜粋や災救隊に対する三代真柱のお言葉などが明記され、天理教のひのきしん隊であることをより強調。さらに、隊の目的や活動内容などを定めた「隊則」の施行に伴い、これも新たに書き加えられた。

また、近隣教区間の連携をはかるとともに、活動内容を開発するため、ブロック総合訓練も各地で行われるようになった。正式結成から十周年までの間に、全国八会場で数百人規模の総合訓練を実施した。（⇒左欄・コラム「ブロック総合訓練の内容」）

この訓練には、主として二つの目的があった。

第一に、大災害が発生した場合、必ず他教区からの応援が必要となる。その際、複数教区から成る混成隊をいかに機能的に指揮・運営したらよいか、ブロック単位で総合的に訓練すること。

第二に、災害救援は、食事や宿泊をはじめ、被災地の人々に一切の負担をかけないこ

COLUMN

ブロック総合訓練の内容

昭和五十七年四月の災救隊結成十周年記念大会までに、次の全国八会場でブロック総合訓練が行われた。その活動は、植樹、公園整備など、実動を兼ねたものが中心になっている。

◎東北・北海道ブロック　49年8月29～31日

青森県十和田《とわだ》湖畔にて――規律訓練、リーダーシップ、救急法など。参加者百二人。

◎九州ブロック　52年6月29日～7月1日

大分県直入《なおいり》郡久住《くじゅう》町「赤川キャンプ場」にて――下草刈り9・9ヘクタール、植樹七千本、キャンプ場の整備。参加者二百十五人。

◎近畿ブロック　54年5月29～31日

滋賀県蒲生《がもう》郡竜王《りゅうおう》町「希望が丘文化公園」にて――植樹三百三十本、境界線づくり七キロメートル、キャンプ場の整備。参加者六百五人。

◎東北・北海道ブロック　54年6月29日～7月2日

北海道虻田《あぶた》郡虻田町洞爺《とうや》湖畔にて――花壇造成（八カ所）・花壇整備（六十カ所）、除草など。参加者三百五人。

◎関東ブロック　55年5月29日～6月1日

横浜市緑区奈良《なら》町「こどもの国」にて――遊歩道三百五十メートルの平板敷きつめ、除草など公園の整備。参加者二百九十八人。

◎四国ブロック　55年6月28日～7月1日

香川県高松市東植田《ひがしうえた》町「公渕《きんぶち》森林公園青少年の森」にて――遊歩道整備と清掃、花壇新設（一基）など公園の整備。参加者二百八十人。

◎中部ブロック　56年5月29日～6月1日

静岡県三島市塚原《つかはら》「金指《かなさし》造船研修センター」にて――国道1号松並木の整備と雑木の伐採約四キロメートル、植樹千本。参加者五百五人。

◎中国ブロック　56年6月28日～7月1日

岡山県倉敷市玉島《たましま》「水島港湾E地区玉島の森」にて――U字溝新設二百三十二本、土嚢《どのう》積み二千三百袋、植樹八百九十本など。参加者三百九十四人。

※これ以降のブロック総合訓練でも、緑化中心の活動内容となっている。

とを原則とする。その自給自足の態勢を、ブロック全体として確立すること。

実際、その内容を見ると、野営を基本として、各種の作業技術の習得、生活全般にわたる指揮・運営、救命救急法などの訓練のほか、大規模出動に必要な総合的訓練が行われている。

そして、これらの訓練の成果を踏まえ、植樹などの自然環境の保護活動を展開した。十周年記念大会のテーマである「緑化」も、このような背景から生まれたものである。これ以降、災救隊としての日常の地域ひのきしんの内容も、緑化活動を軸に行われるようになった。

昭和五十七年四月十九日、災救隊の結成十周年記念大会が「緑化――世界に緑を　心にやさしさを」のテーマのもと、おぢばで開催された。この年、隊員総数は五千人を超え、大会にも全四十七教区から二千四百四十八人の隊員が参加。本部中庭での記念式典とパレードのあと、記念行事として青少年育成広場で植樹ひのきしんが行われた。

第十一章　長崎・島根の豪雨水害

昭和57年・58年

本章では、災救隊の結成十周年記念大会が開かれた昭和五十七年（一九八二）前後の災救隊の出動記録の中から、同年七月の「五十七年七月豪雨（7・23長崎大水害）」と翌年七月の「五十八年七月豪雨（島根水害）」を中心に、活動状況を述べていきたい。

「底なしの親切」を尽くす

教会を〝たすけ〟の拠点に

昭和五十七年七月下旬は、梅雨前線の活発な活動により、西日本を中心に断続的な豪雨に見舞われ、各地に大きな被害が出た。

なかでも二十三日の夕刻から長崎市を襲った猛烈な集中豪雨は、市の年間降水量の四分の一に当たる四四八ミリを記録。急斜面の宅地は山崩れによる土石流に襲われ、〝坂の街〟長崎特有の急勾配《こうばい》の都市河川が相次いで氾濫《はんらん》した。これが「7・23長崎大水害」である。

水害発生の時刻は、ちょうど市民の帰宅時間と重なったため、自動車に乗ったまま土砂崩れに遭遇したり、河川からあふれ出た水に流された人も少なくなかった。被害は市内を中心に死者・行方不明三百四十五人、家屋全壊・流失四百六十四戸、床上・床下浸水五万九千戸近くに上った。

市の中心部にある肥長《ひなが》大教会前の電車道路も川と化し、立ち往生した自動車が次々と流された。しかし、鉄筋・鉄骨コンクリート五階建てで新築二年目の大教会の建物は水につかることなく、帰宅途中の避難者たちの緊急の宿泊所となった。

多くのビルや家屋でガス、水道、電気が使用不能になり、都市機能がマヒしたが、幸いにして大教会のライフラインに支障はなかった。

被害状況の第一報が、教会本部の災害対策委員会に届いたのは翌二十四日である。委員会ではただちに慰問使の派遣を決め、災救隊の出動準備に取りかかった。

この日、現地の肥長大教会には、市の都市ガスを供給する西部《さいぶ》ガスから、現地対策本部分室としての使用許可を求める旨、緊急連絡が入った。橋本利三《はしもととしぞう》大教会長（当時）は「地域社会の〝たすけ〟の拠点となるならば」と、その申し出を受け入れる決断を下したという。

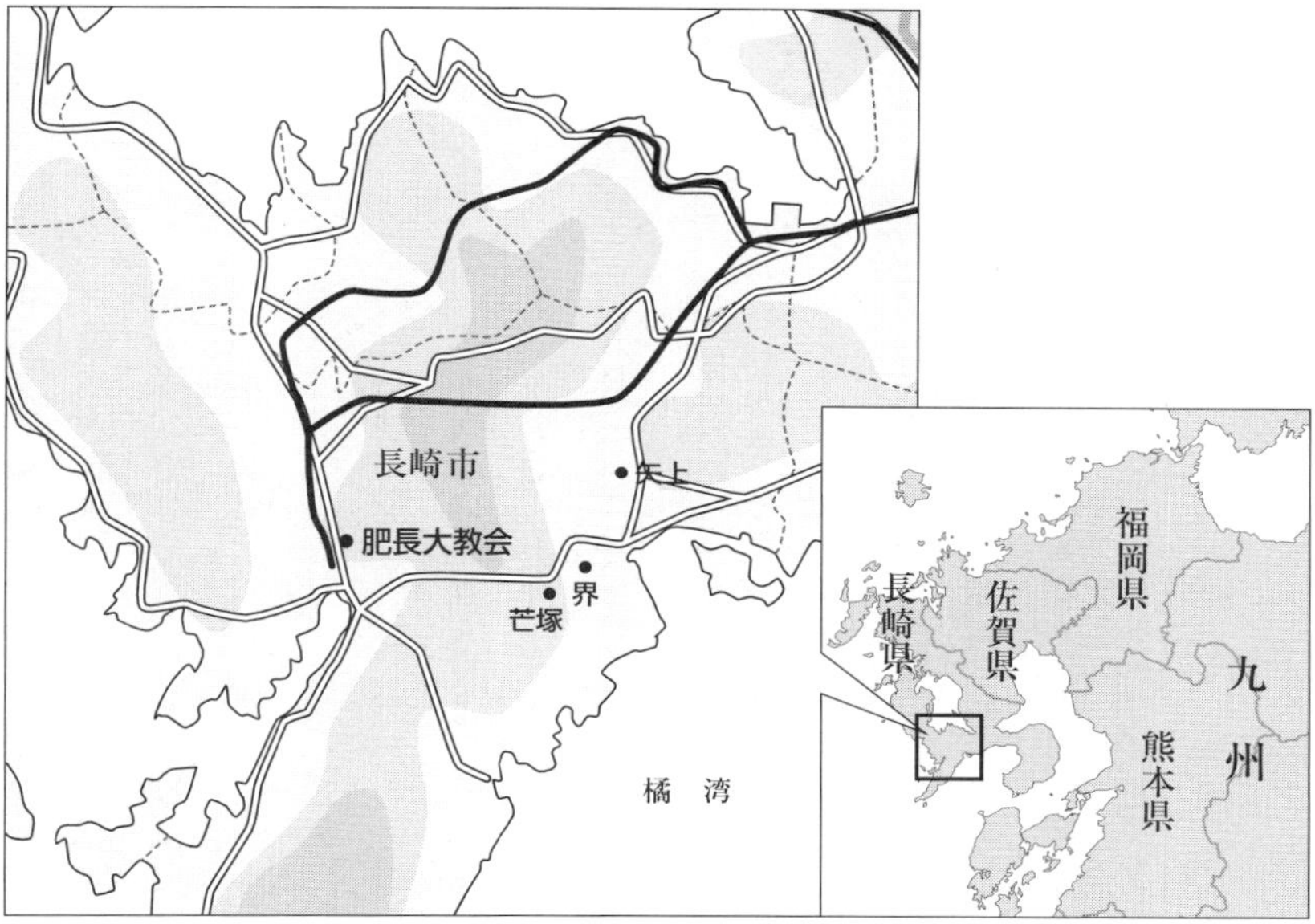

二十五日には、いち早く長崎教区隊三十人が市内の被災現場へ急行した。二十六日、教会本部は九州ブロック各教区の災救隊に出動指令を出した。また同日、肥長大教会を拠点に、全国から応援に駆けつけた各地のガス会社の社員たちが、ガスの開栓復旧をめざして実務をスタートさせた。

大教会の建物のうち、一階受付は大教会の災害対策本部、二階から四階は西部ガスの現地対策本部分室およびその宿泊所、そして四階の応接間には災救隊現地本部が設置された。

災救隊とガス会社の復旧隊がしばらくの間、大教会内で同居することになり、建物内は大混雑した。ガス会社の復旧隊は総員二百五十人の多きを数え、八月一日まで滞在することとなった。

機動力を駆使して

二十八日、災救隊おやさと隊四十七人が現地入りした。九州ブロックの各教区隊と合同で、「天理教災害救援ひのきしん隊長崎災害救援隊」の第一次隊を結成した。

第一次隊は、十の作業班を編成。これに加えて、車両班、洗濯や炊事を主に担当する女子隊、そして事務局と、役割を分担して活動を開始した。

以後、班ごとに市内の商店街や傾斜面の住宅地、床上まで水につかった漁港の集落など、さまざまな被災現場へ出動。民家に侵入した土砂やヘドロの除去、流木や生ゴミ等の堆積物《たいせき》の運び出し、泥だらけの道路の清掃作業などを行った。

第一次隊の出動人員は三日間で延べ六百三十人、現場は多い日で二十カ所を数えた。第一次隊は三十日に解隊したが、翌日も引き続き有志五十四人が被災地に残った。

八月一日には、百七十三人から成る第二次隊を結成、四日まで活動を続けた。さらに五日には、総勢三百五十六人の第三次隊が結団式を行い、作業班も十五班編成に増強され、七日まで精力的に各被災地で活動した。

八日、天理教校第二専修科生と職員百十人から成る第四次隊が結成された。十四日までの一週間にわたり、土石流で大きな被害が出た市内山間部の芒塚《すすきづか》、界《さかい》の両地区から、矢上《やかみ》、東長崎方面へと連日出動した。

こうして四次にわたる災救隊は、およそ半月余りの期間、大規模な救援活動を展開。実動した隊員も延べ四千人近くに上った。またパワーショベル二台、ダンプカー三十四台、マイクロバス四十二台を含む延べ三百八十六台の車両を駆使するなど、機動力を全面的に生かした。

長崎大水害では、４次にわたり延べ4,000人近い災救隊員が出動。自衛隊や行政の手が届かない現場で、きめ細かな救援活動を行った（昭和57年８月、長崎市）

このように大規模災害が発生した場合、近隣の教区隊が協力して合同隊を組織し、機動力を駆使して複数回に分けて出動する態勢が、この長崎大水害への出動から定着していくことになる。

隊員たちの後方支援に従事した裏方の存在も忘れてはならない。朝夕の炊事や昼食の弁当作り、作業衣の洗濯などの生活全般にわたり、各隊のスタッフと共に、肥長大教会の婦人会員約四十人が連日、フル回転で世話取りに努めたのである。

自衛隊と遜色ない活動

長崎大水害に出動した災救隊の延べ四千人近い人数は、このときの陸上自衛隊の動員数が延べ一万八千人だったことと比べても、民間の災害救援活動としては相当の規模だったことが分かる。

自衛隊は災害発生直後から、山崩れ現場における生き埋め者の救出、また救援物資の輸送や復旧作業に従事しており、ピーク時には八部隊計三千三百二十人が出動していた。

自衛隊は七月三十一日までに主要な任務を終えると、残務処理として小・中学校の校庭などに集められたごみの後始末を行っていたが、それも八月四日にはすべて終了した。このとき出た大量のごみは、百二十七人の自衛隊員がダンプカーなどの車両四十五台を投入して搬送した。

しかし一歩路地に入ると、泥だらけの家具や畳などが異臭を放っており、山間部では土砂が流れ込んだ民家がそのままの状態で放置されていた。災救隊は、自衛隊の救援活動の〝谷間〟となったこうした現場できめ細かなひのきしん活動を繰り広げた。事この点では、自衛隊の動員数や機動力と比べても遜色《そんしょく》のない働きをしたといえる。

八月初旬、長崎大水害の救援活動のさなか、台風10号が奈良県内に大きなつめ跡を残した。奈良教区隊の延べ百人は、河川が決壊した王寺町へ出動した。また天理教校専修科と第二専修科の学生は、全戸が水につかった天理市庵治《おうじ》町で四日間の救援活動に従事、延べ人数は二百八十三人を数えた。同町には、教会本部の給食施設である炊事本部が、二日間にわたり計三千二百食の炊き出しを行った。

長崎大水害の経験生かし

翌五十八年五月、災救隊の総合訓練が五日間にわたり、全国四十教区から六百七十七人が参加して、宮崎県西都《さいと》市の西都原公園で実施された。

集中豪雨で大規模な被害の出た島根。19教区隊が相次いで出動した（昭和58年7月、益田市）

これは、ブロックごとに行われてきた訓練を全教的に実施するもので、長崎大水害での経験を生かして、さらなる技術の習得や生活訓練に力を入れた総合訓練となった。また、地域の緑化をめざすひのきしん活動の開発のため、遊歩道の造成や植樹なども訓練の一環として行われた。

同年七月には、梅雨の豪雨が西日本に集中し、とりわけ島根、山口の両県に大きな被害が出た。「昭和五十八年七月豪雨」と呼ばれるこの災害が起こったのは、はからずも長崎大水害からちょうど一年目のことだった。死者・行方不明百十七人、家屋全半壊・流失三千百戸、床上・床下浸水は一万七千二百戸を超えた。

災救隊は早速、現地本部を島根県益田《ますだ》市の南本郷《みなみほんごう》分教会に設置。七月二十八日から第一次隊百五十一人が市内で活動を開始したのを皮切りに、八月十四日まで四次にわたり、十八日間に及ぶ救援が出動した。

活動を展開した。この活動には、全教区の四割に当たる十九教区から延べ六千八十一人

長崎大水害のときと同様に、第四次隊は天理教校第二専修科生百六十人で編成された。

また電話が不通となった現地では、天理教ハムクラブ（当時）が臨時無線局を開設。ア

マチュア無線を通じて、おぢばの災救隊本部と連絡を取り合った。

このときの救援活動について、『天理時報』（同年8月28日号）では半月後、被災した住

民への追跡調査を行っている。同紙によると、災救隊は被災地にとって自衛隊に次ぐ貴

重な力であり、〝底なしの親切〟を尽くして働くさまは、不時の災害により茫然《ぼうぜん》自失の

状態となった人々に復興への気力を与えたという。その結果として、本教の信仰者なら

ではのひのきしん活動が、地元の教友たちに自信と喜びを与えるとともに、被災した住

民への〝にをいがけ〟にもつながったことが報告されている。

第十二章 有珠山 昭和52年 と普賢岳 平成4年 の噴火災害

平成十二年（二〇〇〇）三月末、二十二年ぶりに噴火した北海道・有珠山《うすざん》は、活発な火山活動に入った。噴火から間もなく、災救隊北海道教区隊は待機の態勢に入っていたが、避難勧告地域の一部解除に伴い、七月初めから虻田《あぶた》町の洞爺湖《とうやこ》温泉《おんせん》町地区で活動を開始した。その折の救援活動については、第十七章で後述する。ここでは、昭和五十二年（一九七七）の有珠山と、平成四年（一九九二）の長崎県雲《うん》仙《ぜん》・普賢岳《ふげんだけ》の噴火災害における本教の取り組みについて紹介する。

大自然の猛威の前で

降灰に覆われた街へ

昭和五十二年八月七日、有珠山は突如として大爆発を起こした。この時は一カ月後に避難解除となったので、北海道教区隊はただちに虻田町へ出動。同町の洞爺湖温泉町地区で、火山灰を除去する作業に励んだ。

幹線道路の降灰はすでに自衛隊の手で片づけられていたが、路地や空き地、民家の庭などには三〇センチもの火山灰が積もったままであり、しかもそれは水分を含んで固まっていた。隊員たちはこれをツルハシで打ち砕き、スコップで掘り起こし、一輪車で運び出す作業に汗を流した。

地元の室蘭《むろらん》支部からは、婦人会が食事などの世話取りを担当した。隊員たちは、四日間で被災地域の四百八十世帯をくまなく回り、こまやかに対応した。出動した隊員数は延べ七百十二人に上った。

当初、天理教の災救隊がどの程度力になってくれるのか半信半疑だった岡村正吉虻田町長（当時）も、無私無欲で精力的に行われるひのきしんの姿に深い感銘を受けた。解隊式であいさつに立った際には、胸が詰まって涙を抑えきれないほどであった。

失われた緑を再び

二年後の昭和五十四年六月末、同じ洞爺湖畔で、北海道と東北の各教区をはじめ、全国十七教区から隊員三百三人が参加して、北海道・東北ブロックの災救隊総合訓練が行われた。この訓練では、噴火災害に対する救援活動の研修を中心に、地域におけるひのきしんを円滑に進めるための規律訓練や必要な技術の習得を行った。

実動としては、虻田町の緑化運動に呼応しての花壇造りが行われた。このひのきしんは、五十二年の災救隊の姿に感銘を受けた岡村町長から「長く天理教の名を残したいので、本格的な花壇の造成をお願いしたい」という、たっての要請で実施された。

さらに昭和六十年（一九八五）六月末、今度は四十教区から総勢七百四十八人が参加し、緑化推進を掲げた大規模な全国総合訓練が有珠山周辺で行われた。この訓練では、ヤマハンノキ一万本、アカエゾマツ三千五百本、エゾマツ三千本など、計一万七千五百本の苗木が植えられた。

この時、清水國雄《しみずくにお》表統領（当時）の出席のもと、本教としては初の植樹祭を有珠山中腹で実施した。この植樹祭には、岡村町長と室蘭営林局支長も出席。また、道内各地から八百人を超す教友が参加して盛大に行われた。

昭和五十二年の噴火の際の出動、五十四年の北海道・東北ブロックの総合訓練、そしてこの全国総合訓練と、有珠山周辺における活動の規模はますます拡大し、本教はひのきしん活動を通じて、この地域と一層強い絆《きずな》で結ばれたのである。

ちなみに昭和六十二年度の虻田町議会の『行政報告書』の中では、天理教のひのきしん活動が他の奉仕団体にも良い影響を与え、地域でのボランティア活動を活発化させることで、より良い町づくりの進展が期待される旨、報告されている。

この植樹活動は、有珠山に緑をよみがえらせることで、万一の噴火の際の防災にも役立つという意味をもつ。また緑化それ自体は、災救隊の専売特許ではなく、昭和四十年代ごろから各教区活動の中で推進されてきたものであった。

顕著な例としては、戦火のために街路樹などが大きな被害を受けた沖縄県で、教友たちが四十五年から始めた「福木《ふくぎ》植樹」を挙げることができる。この緑化運動を進める中で、四十七年五月の本土復帰を機会に、失われた緑を取り戻そうと、京都教区の青年会員八十人が沖縄教区の教友と共に植樹ひのきしんを行ったり、またハワイ伝道庁が復帰直前の当時の琉球《りゅうきゅう》政府に一万個のココヤシの実を贈ったこともあった。

これらの実は、やがて広く県内全域に配られ、海岸や道路の緑地帯、公園や学校の校庭に植えられて、大きく育っていったという。

緑化推進は、災救隊の地域におけるひのきしん活動の眼目でもある。結成十周年に合わせて出された『隊員必携』改訂版では、「日常の地域ひのきしん」という項目が新たに設けられ、その中で緑化推進活動の意義が記されるようになった。それは次の三点である。

北海道・有珠山で行われた災救隊全国総合訓練では、ヤマハンノキなど１万7,500本を植樹。「天理教の貢献度は、ほかに比べようがない」と地元で評価された（昭和60年６月）

一、緑化は災害予防の基礎である。
二、緑化は、単に植樹にとどまらず、植物をよりよく育てることである。それは、環境の浄化につながる。
三、植物を植え、育てることは、人の心に安らぎとやさしさをもたらし、生命の大切さを自覚させる。それは、人の心を育てることである。

これに続けて、災救隊員は緑化推進活動を率先して行い、青年会、婦人会、少年会など教内の諸団体や、さらには教外の人々とも協同して、その輪を広げていくべきである旨、述べられている。

さて、有珠山の緑化活動は、その後も地元の室蘭支部や青年会などの協力により息長く続けられた。火山灰や寒風、ねずみによる被害などで、苗木はなかなか根づかなかったが、回を重ねるうちに土も肥え、山はようやく緑で覆われその陰には、補植《ほしょく》や下枝の手入れ、立ち枯れた木の伐採や除草など、災救隊を含む北海道の教友たちの地道な活動があった。（⇓156ページ・コラム「有珠山における天理教の植樹活動の記録」）

実際に室蘭支部では、昭和六十一年から「全教一斉ひのきしんデー」を有珠山で実施。平成四年までに、延べ三千七百八十二人が参加して、およそ三万七千本の木を植えている。地元では「天理教の有珠山緑化」とまでいわれた植樹活動であった。

国土庁から表彰

昭和六十三年八月三十一日、災救隊は長年にわたる活動が評価され、防災行政の推進のうえで顕著な功績を残したとして、国土庁（現・国土交通省）長官から表彰を受けた。四十六年に教区隊の結成が本格化して以来十七年目にして、災害時における民間救援活動の一翼を担う本教のひのきしん活動が政府から公式な評価を受けたのである。

平成三年五月二十五日、災救隊の結成二十周年記念大会がおぢばで開催された。全四十七教区隊と一支部隊、これにおやさと隊を加え、四十九隊から計三千三十人が参加。パレード後の記念式典であいさつに立たれた中山善衞三代真柱は、災害が起こらないよう、そして災害救援をしなくて済むよう、神意を悟りつつ、どんな中でもひのきしんに励み、ご恩報じの道を進めていくことの大切さを諄々《じゅんじゅん》と説かれた。

このころすでに、災救隊は全教区で計六千人の隊員が実動態勢を整えるまでに成長。各教区隊では〝有事即応〟体制をより一層強化するとともに、地域社会における常時のひのきしん活動を取り入れた合宿訓練を着々と進めていった。

翌年五月末、高知県内の森林公園を会場に行われた災救隊四国ブロック訓練には、二十七教区計五百人の隊員が参加した。ここでも、地域ひのきしんの実動作業として、「全国育樹祭」の式典会場予定地の遊歩道新設や植樹を引き受けた。

なお、災救隊本部はこの時、アマチュア無線クラブに初登録。名称を「３１９（サイキュウ）」隊ハムクラブとし、通信訓練を兼ねた活動を実施した。

全教挙げての救援募金

平成二年十一月、長崎県の雲仙《うんぜん》・普賢岳《ふげんだけ》がおよそ二百年ぶりに噴火した。翌年になると、溶岩ドームが形成されるなど火山活動は活発化し、六月三日には大規模な火砕流が発生。死者・行方不明四十三人、被災家屋は百八十戸を数えた。

その後も火砕流の発生は続き、島原《しまばら》市南部や隣接する深江《ふかえ》町北部の一万三千人が緊急避難した。この噴火は、平成七年まで四年半もの間続き、五十人以上の死傷者と二千五百戸に被害をもたらした。

平成三年六月末、天理教災害対策委員会は雲仙災害救援募金を開始した。期間は七月一日から三十一日までの一カ月間、募金は教内から募り、現金のみを受け付けることにした。

難儀している〝きょうだい〟に対して、たすけ合いの精神を発揮しようと、多くの義援金が集まった。個人はもとより、教会や教区・支部単位で、あるいは天理中学校の生徒会や天理小学校の全校児童からも募金が寄せられた。募金総額は、銀行利子を含め、一億千九百九十一万八十円（三千五百九十一件）に上った。

八月十三日、災害対策委員会を代表して田中善太郎《たなかぜんたろう》委員長（当時）が雲仙を訪問。島原市役所および深江町役場で、それぞれ額面五千九百九十五万五千四十円の小切手を手渡した。その後、田中委員長は長崎県庁を訪れて災救隊の説明を行い、火山活動が収まれば同隊の出動用意があることを伝えた。

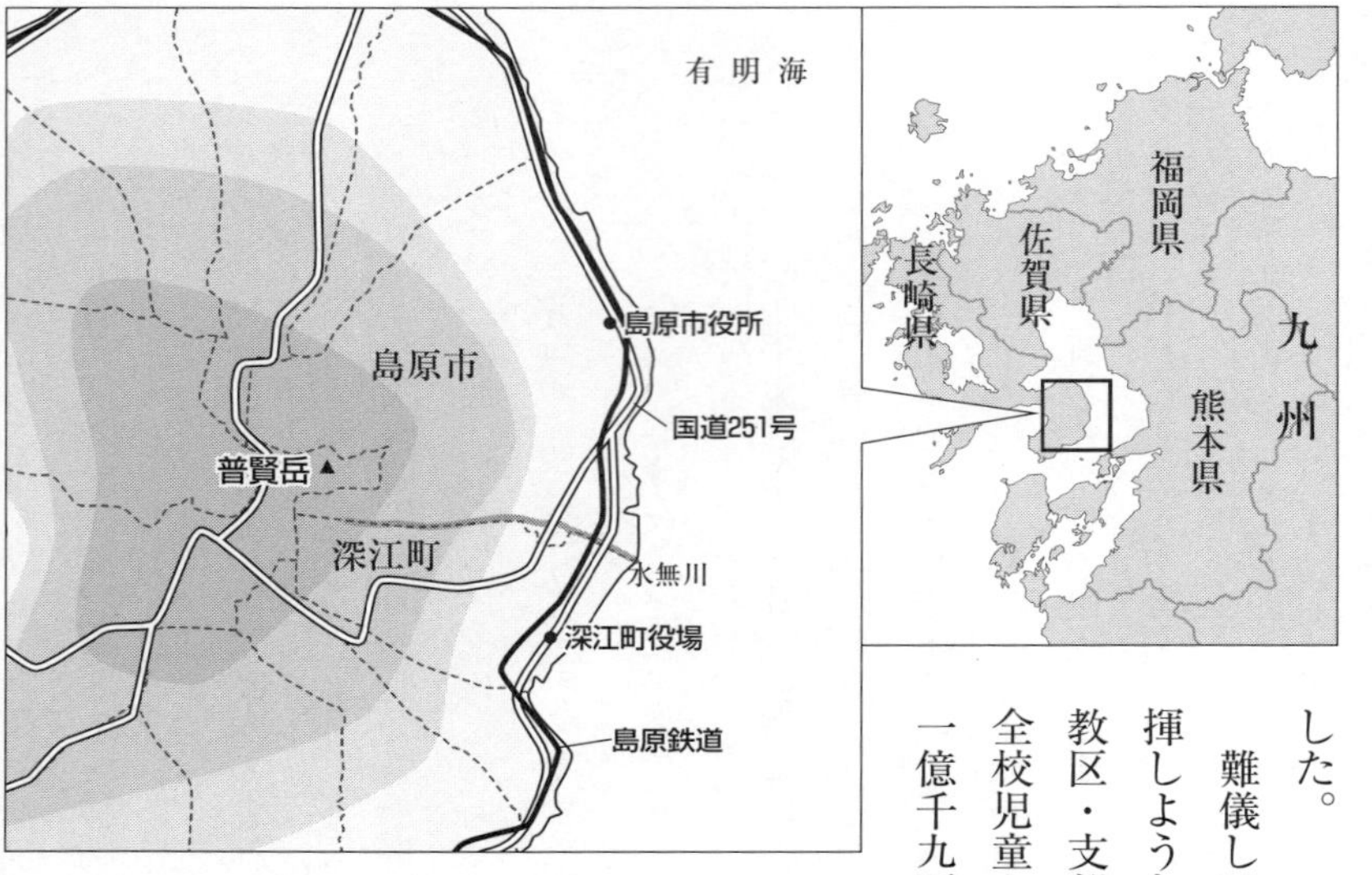

待ちわびた災救隊

平成四年九月、大規模火砕流の発生から一年三カ月後、島原市と深江町は立ち入り規制の警戒区域と避難勧告区域の一部を解除した。災救隊長崎教区隊は、同月十九、二十の両日、隊員六十人で緊急出動。水無川《みずなし》

長崎教区隊は、雲仙・普賢岳噴火災害の被災地へ出動。独居老人宅に流れ込んだ土砂を搬出した（平成4年9月、島原市）

下流にある島原市内の二軒の被災家屋で、土砂の除去作業に従事した。

この二軒は、いずれも自力で復旧できない高齢者宅だった。家屋内に流れ込んだ岩石交じりの土砂を取り除くには、重機は使えなかった。隊員たちはツルハシやスコップなどを用い、人力でひたすら搬出するしかなかった。このときの出動について『天理時報』（同年9月27日号）は「待ちわびた災救隊　雲仙被災地へ」の見出しを掲げ、一面に大きく報じている。

翌月中旬にも、長崎教区隊は二度目の出動を行った。このときは、二日間で延べ百十八人が参加した。ここでも対象となったのは、自力では復旧できない高齢者宅であり、隊員たちは細心の注意を払いながら、人力で土砂の除去作業を続けた。自然災害に見舞われた人々に密着して活動する災救隊は、こうして〝難渋だすけ〟の先頭に立って活動してきたのである。

COLUMN

有珠山における天理教の植樹活動の記録

昭和五十二年八月の有珠山噴火では、二億立方メートルという膨大な量の灰が噴き上げられた。このため、落葉広葉樹を主とする天然林や山麓《さんろく》地帯のカラマツやトドマツなどの人工林が大きな被害を受けた。有珠山の緑を取り戻そうと、虻田町の関係各機関から声が上がり、昭和六十年四月に「有珠山緑化推進実行委員会」が設立された。

これ以降、平成十一年に至るまでの十五年間、「有珠山ふれあいの森林づくり運動」が展開された。この期間の植栽《しょくさい》面積は十五万平方メートル、植栽本数は十二万八千本、参加者は四万八千人を超えた。そして毎年、下草刈りや植樹に多大な貢献を果たしてきたのが、本教であった。

『白煙の山みどりの記録』(有珠山緑化推進実行委員会、平成11年12月)によると、本教の植樹実績は次の通りである。

(字句や不明部分は原文通り。昭和60年、平成5、6年の記載はなし)。

【昭和61年】
5月27～30日　ひのきしん隊北海道教区　520人

【昭和62年】
5月27～31日　ひのきしん隊北海道教区　250人

【昭和63年】
5月15日　室蘭地区天理教信徒一行　600人

【平成元年】
5月14日　天理教　700人
5月19日　天理教室蘭支部　200人
5月31日　天理教青年部　8人
6月1日　天理教青年部　13人

6月4日　天理教室蘭支部　150人
8月7日　天理教室蘭支部　50人
8月30日～9月2日　ひのきしん隊　280人
【平成2年】
5月20日　天理教室蘭地区信徒　70人
【平成3年】
5月12日　天理教室蘭支部　110人
5月29～31日　天理教青年部道《ママ》支部　80人
6月19日　天理教室蘭支部　70人
6月21日　天理教青年会道支部　55人
8月29日～9月1日　天理教北海道教区隊　140人
【平成4年】
5月16、17日　天理教室蘭支部　490人
5月30、31日　名古屋市天理教　37人
7月19日　天理教室蘭支部　50人

【平成7年】
5月13、14日　天理教室蘭支部　360人
6月18～21日　天理教青年会道教区隊　240人
6月29、30日　天理教室蘭支部　70人
【平成8年】
5月31日～6月2日／7月23、24日／8月23、24日　天理教室蘭支部
【平成9年】
8月29日～9月1日　天理教道教区青年会
6月7、8日／6月21、22日／8月27～30日　天理教
【平成10年】
8月28～30日　天理教ひのきしん隊
【平成11年】
5月30日、6月1日／7月6、7日／8月29～31日　天理教

第十三章　日本海で二度の重油流出事故

平成2年・9年

災救隊が出動するのは、自然災害だけに限らない。近年では緑化活動のほか、環境汚染が懸念されるような人為的な災害の場合にも〝出番〟を見いだすようになった。本章では、平成二年の京都・丹後《たんご》半島沖での重油流出事故、そして九年の島根県沖での重油流出事故における災救隊の活動について取り上げる。

〝黒い海〟を救え

人海戦術で回収

平成二年（一九九〇）一月二十五日、イベリア船籍の貨物船「マリタイム・ガーデニア号」（七〇二七トン）が丹後半島の経ケ岬《きょうがみさき》沖で座礁《ざしょう》し、燃料用重油など約九三七キロリットルが流出した。地元住民をはじめ、自衛隊や機動隊などがただちに回収作業に当

冬の日本海の荒波が打ち寄せる中、重油の回収に取り組む災救隊京都教区隊。後方に座礁した船が見える（平成２年２月、京都・経ケ岬）

たったが、流出した重油の一部は丹後半島北部一帯の海岸へ流れ着き、手作業による回収しかできない状況となった。

地元の天理教与謝《よさ》支部から要請を受けた災救隊京都教区隊は、二月九日に出動を決定。十二日朝から五日間の予定で、若狭《わかさ》湾に面した伊根《いね》町の海岸で〝人海戦術〟による回収作業を開始した。

磯際の浅瀬には粘土状になった重油が浮き沈みし、また岩の表面にもべっとりと油がこびりついていた。折からの冷たい雨の中、隊員たちはゴムのかっぱ、手袋、長靴に身を固め、シャベルやヘラ、ヒシャクを手に、初めての作業に取りかかった。翌日には一個班三十人が事故現場から五百メートルほどの海岸線へと移動した。

伊根町の海岸は最も被害の大きかった所で、岩場一帯が重油に覆われていた。足場の悪い中、隊員たちは腰まで〝油の海〟につかっての手作業で回収。浮かんだ油をヒシャクですくい、岩に付着した重油をヘラでかき取り、さらに布で拭《ふ》き取るなど、全身油まみれになりながら黙々と作業を続けた。

五日間のひのきしん者数は、スタッフを含めて延べ四百九十八人。十六日までの実動で、土嚢《どのう》約二千七百袋相当の重油を回収した。

だが、これでもまだ十分ではなかった。その後、伊根町の事故対策本部から、近隣のボランティア団体に救援作業の要請があった。与謝支部でもこれを受け、京都教区北部の五支部で特別編成の災救隊を組織し、三月四日から十日まで出動した。

この実動では、作業内容もよりきめ細かなものとなった。一日十人から二十人の隊員が、波打ち際の岩の間に分け入り、こびりついた重油を移植ゴテで丹念に取り除くという根気のいる作業を精力的にこなした。

再び冬の日本海へ

環境汚染に対する災救隊の出動は、この七年後にも再び同じ日本海沿岸で、一層大規模に行われた。この間、平成七年一月に阪神・淡路大震災が発生しており、そのときに若者を中心とする多くの国民が災害救援に立ち上がるなど、ボランティア活動への機運も高まっていた。災救隊もまた組織力を一層強化し、民間の災害救援活動の中にあって、実に特筆すべき活動を繰り広げることになったのである。

平成九年一月二日未明、島根県・隠岐《おき》島沖の日本海でロシア船籍のタンカー「ナホト

日本海に大量の重油が流出した２度目の事故で、災救隊はボランティアと協力して回収作業に臨んだ（平成９年１月、福井県三国町）

カ号」（一三一五七トン）が、重油一万九〇〇〇トンを積んだまま沈没した。漏《も》れ出た重油は大量で、七年前の貨物船座礁事故の六倍を超える約六二四〇キロリットルに上った。七日、流出した重油は福井県三国《みくに》町沿岸に漂着したのをはじめ、福井、石川など日本海側の九府県に、深刻な海洋汚染をもたらすことになった。（⇩165ページ・コラム「微生物による環境修復技術」）

関係機関では、ただちに対策本部を設置。警察、消防、自衛隊などが災害派遣に乗り出す一方、全国からボランティアが続々と駆けつけ、官民挙げての重油回収作戦が始まった。折しも二年前の阪神・淡路大震災の際には百三十万人というボランティアが被災地に結集し、国民の間では〝ボランティア熱〟が高まっていた。この重油流出災害の際も、事故発生から四カ月のうちに延べ二十八万人のボランティアが集まったといわれる。

本教では、マスコミが重油漂着の報を伝えた翌日には、災救隊福井教区隊が現場を視察。同時に、おぢばの災救隊本部と連絡を取りながら町役場との折衝に入った。本教の現地本部は、敦賀《つるが》市にある越乃國《こしのくに》大教会に置かれた。

十二日、嶺南《れいなん》支部を中心とする福井教区隊の有志八十五人が出動し、海面に浮いた重油をヒシャクでくみ取る作業に取りかかった。また、隣の石川県加賀《かが》市塩屋《しおや》海岸にも、同教区隊三十人が出動。これを機に、ほかの教区隊や各地の教友たちが続々と救援ひのきしんに駆けつけた。福井県内に拠点を置いた活動だけでも、七教区隊計十一次にわたる出動を数えた。（⇓169ページ・コラム「福井県に出動した災救隊」）

このほか、石川、兵庫、新潟、京都にも、それぞれの教区隊を中心とする数多くの出動があった。スタッフを含め、災救隊の実動人数は延べ四千三百人にも上った。これだけでも被災地に救援に駆けつけた人々のうち、実に百人に一・五人が災救隊員だったことになる。

しかし本教からの救援は、それだけではない。大教会や分教会単位、教区や支部単位でも「〝黒い海〟を救え」と教友が救援活動に参加し、冬の海で重油と格闘したのである。

ボランティアのリーダー役に

重油漂着の報道をきっかけに、多くの個人や団体ボランティアが現場へ殺到した。その中でも、訓練と統制の行き届いた組織であり、作業用具はもとより食料や宿泊に関しても完全に〝自給自足〟態勢で臨む災救隊は、ひときわ注目を集めた。

というのも、一般のボランティアの中には、雨がっぱなどの軽装備はおろか、寝食や移動手段までも被災地の提供に頼ったため、かえって被災地に大きな負担をかけてしまうケースが少なくなかった。また「何かしなくては」という思いから被災地まで来たものの、どう動いたらよいか分からず、海岸付近をうろうろする人々も少なからずいた。

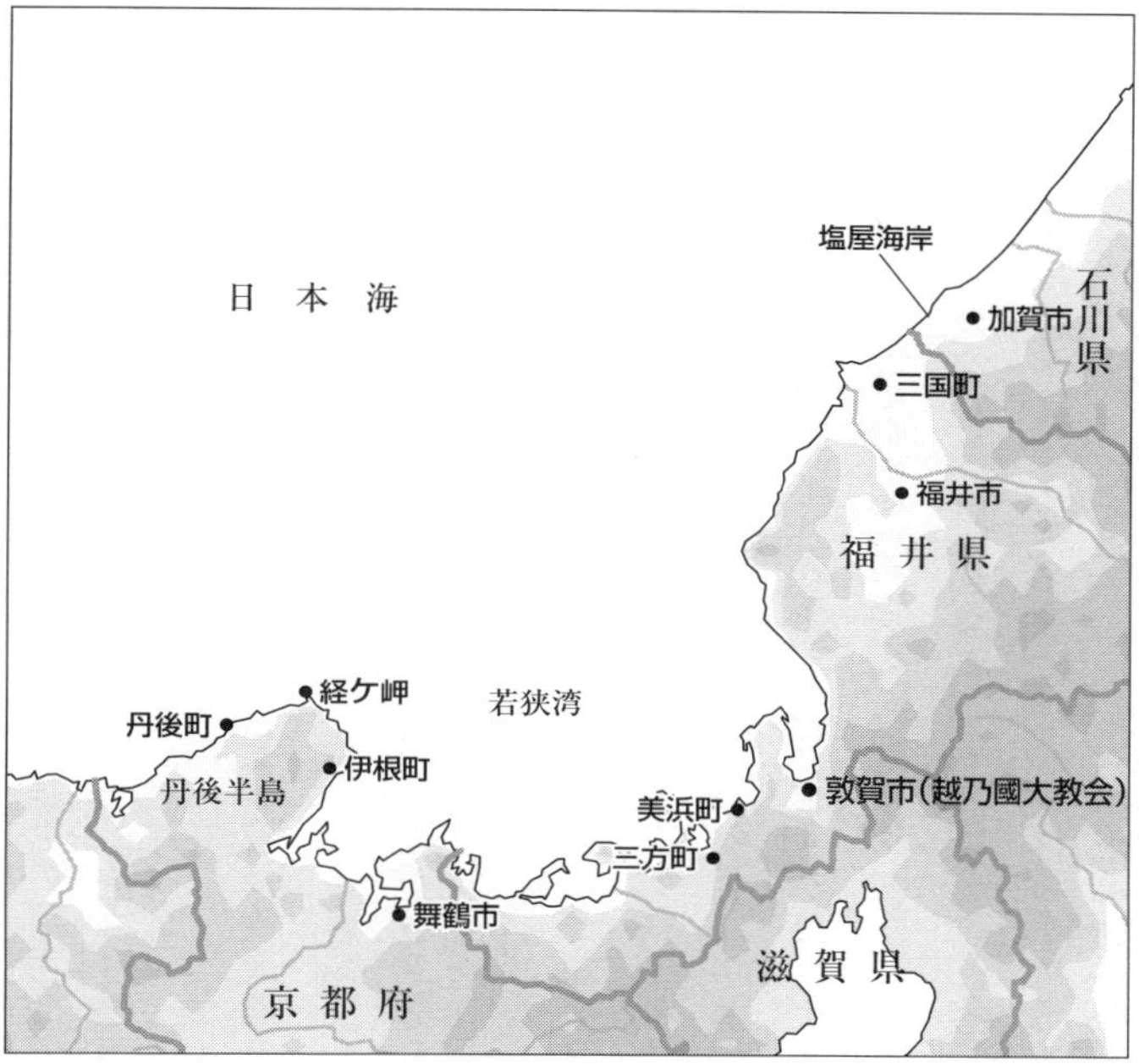

　ボランティアの健康被害も大きな問題となった。重油が霧状の微粒子となって大気中に広がったため、吐き気や頭痛を訴える人が相次いだ。また、冬の日本海岸での重労働のため、過労や事故で命を落とす人もいた。

　被災現場の混乱した状況下で、災救隊は統制のとれた組織活動のゆえに、一般のボランティアをその場で指揮するなど、しばしばリーダー役を務めることになった。早い時期に出動した嶺南支部隊の場合も、海面の重油を回収した隊員たちの後ろに、一般のボランティアが列をつくってバケツリレーをするなど、ごく自然な形で協力して作業を行う光景が繰り広げられたのである。

同じような光景は、その後の教区隊の出動の際にも見られた。また、炊き出しの昼食をボランティアに振る舞うこともあった。二月ごろからは地元自治体にも災救隊の活動が知られるようになり、一般のボランティアの申し出は断っても、災救隊には出動を依頼するケースもあったという。

回を重ねるにつれ、災救隊は作業のノウハウを蓄積し、重油回収の道具や活動内容にも改良を加えていった。たとえば、油まみれで回収作業に従事する隊員にとって、けがをしたときや休憩をしたい場合、サポート役が必要だった。そうしたニーズから、ウエストポーチに必要な用具を入れた〝生活サポート係〟も登場した。

重機を使った活動も本格化した。二月中旬、京都府丹後町の尾和《おわ》海岸へ二日間出動した奈良教区隊の場合、その作業は、海岸に積み上げられた油塊の土嚢を、およそ四十メートル上の農道まで運び上げるというものだった。そのためには、人ひとりしか通れない細くて急な坂を上らなければならず、作業は困難を極めることが予想された。

しかし同教区隊は、瓦の運搬用リフトとクレーンを用いてこの難題を解決。海岸から三十メートルの高さに設けられたテラスへいったんリフトで土嚢を上げ、そこから上はクレーンでつり上げるという方法を編みだした。

COLUMN

微生物による環境修復技術

天理やまと文化会議事務局長（平成九年当時）の井上昭夫《いのうえあきお》本部准員は、天理教学研究の過程の中で微生物の働きに着目。これを重油流出によって汚染された海の生態系を修復する技術として使えないかと考えた。

井上事務局長は、未来工学研究所の日米共同研究者グループと共に福井県三国町の海岸を視察。県の代表者と協議したあと、九年二月十七日付で『ロシア船籍タンカー「ナホトカ」号による福井県並びに近隣地域重油汚染に関する提言』をまとめて、政府に提出した。

この『提言』は十二項目から成るが、その骨子は、バイオレメディエーション（微生物による環境修復技術）という一種のバイオ技術を用いて、自然界に存在する微生物に重油を〝食べさせる〟ことで自然の浄化作用を早め、海岸の汚染を解消していくべきというもの。井上事務局長によれば、この技術は、欧米では安全性も確められており、効果的かつ経済的な環境修復技術として認められているという。これは、重油回収のボランティアの健康被害を懸念しての取り組みだった。

今回はまだ時期尚早ということで実現には至らなかったが、この『提言』をめぐって国会でも質疑が行われたという。

そこで同教区隊は、丸一日かけて斜面の邪魔になる木を伐採。丸太を組んで足場とし、テラスの設置とリフトの組み立てを行い、翌朝八時から本格的な運搬を開始した。昼食も交代で取るなど、休憩なしで作業を続け、午後四時までに土嚢約千袋の搬出を完了したのである。

重油流出事故から二カ月半、主だった海岸では〝黒いシミ〟は見られなくなった。しかし三国町や嶺南地域では、陸から行けない岩場に重油が残るほか、福井市や敦賀市の砂浜には細かい油の粒が交じっているのが見られた。

そうした状況の中、三月初旬、敦賀市の要請で出動した災救隊第十次隊（岐阜教区隊）には、断崖《だんがい》絶壁の小浜海岸で油塊を回収・搬出するという任務が与えられた。結隊式には河瀬一治敦賀市長（当時）もあいさつに駆けつけ、これまでの活動のお礼を述べるとともに激励の言葉を寄せた。

作業の初日には、高さ三十メートルの急勾配《こうばい》に、木の杭《くい》と土嚢で段を設け、下方の岩場の断崖には鉄パイプなどを使って仮設の階段を造った。このほか、足場の悪い所には滑らないようにムシロを敷くなど、現場の状況に応じた工夫と対処は災救隊の得意とするところであった。

教友の働きと後方支援

災救隊ばかりではなく、一般の教友の働きぶりも目立った。

敦賀市の横浜海岸では三月九日、青年会泉《いずみ》分会の二十五人が手製のアミやスコップ、篩《ふるい》などを用い、砂の中から重油の小さな粒を回収する作業を行った。これは、砂浜に打ち揚げられた米粒から硬貨大の重油の塊《かたまり》を丹念に集め、袋に詰めるという根気のいる作業である。また、浜辺の水路に帯状に堆積《たいせき》した重油は、スコップですくっては篩にかけた。

先述の小浜海岸でも十三日、大阪教区堺北《さかいきた》支部の有志十人が、福井と奈良の両教区隊約百人と共に重油の回収に従事した。丸い石が密集する海岸では、油塊を取りやすくするため石に海水をかけたあと、一つずつ裏返し、こびりついた重油を竹ベラで剥《は》がすなどして、土嚢に回収していった。

東濃《とうのう》大教会では、青年会と婦人会が中心となり、一月下旬から三月にかけて計五回、延べ八十八人が三国町と敦賀市の海岸で重油の回収作業を行った。

後方支援活動としては、こんなエピソードもある。二月初旬、全国各地から持ち込まれた重油収納用のドラム缶の上蓋《うわぶた》を開けてほしいという連絡が急きょ、三方、美浜両町の被災現場から本教に入った。この要請を受けた教会本部では、一週間かけて現地から計七百七十九本のドラム缶をおぢばへ運び、営繕部鉄工班の全面協力のもと、上蓋を開ける作業に努めた。こうして鉄工班の在庫分のドラム缶も加え、大型トラック延べ二十台で現地へ返送した。

また、静岡教区では二月十二日、重油回収を後方から支援する活動の一環として、ブリキ板を使った手作りのひしゃく千二百本を、福井教区隊をはじめ重油流出被害の各教区隊へ送った。これらは二月八日から十一日にかけて、静岡教務支庁に同教区の災救隊員ら延べ五十人が集まって製作したものだった。

こうした一連の活動を見ると、「自分にできることから何かせずにはいられない」という思いが多くの教友の心をつき動かし、ひのきしんの行動として表れたに違いないと思えてくる。とくに、二度目の重油流出事故では、平成二年の流出事故にもまして、ひのきしんへの意気は大いに上がり、一般のボランティアとの〝共働《きょうどう》〟作業も各地で見られた。

こうした機運をより深く理解するためには、平成七年の阪神・淡路大震災の際の本教の救援活動を緻密《ちみつ》に検証することが必要となってくるだろう。

COLUMN

福井県に出動した災救隊

「ナホトカ」号の重油流出事故では、災救隊は一月十五日から三月十四日まで、十一次にわたって福井県沿岸一帯へ出動。その内訳は、次の通り。

- 第一次　1月15日　福井教区隊（100人）三国町浜地海岸
- 第二次　1月16日　奈良教区隊（40人）三国町浜地海岸・二《に》の浜《はま》海岸
- 第三次　1月17〜19日　滋賀教区隊（34人）三国町浜地海岸・二の浜海岸
- 第四次　1月20、21日　三重教区隊（35人）芦《あ》原《わら》町芦原海岸・三方《みかた》町三方五湖など
- 第五次　2月1、2日　福井教区隊（50人）美《み》浜《はま》町坂尻海岸
- 第六次　2月3〜6日　岐阜教区隊（25人）愛知教区隊（26人）三方町小川海岸など
- 第七次　2月7〜10日　大阪教区隊（40人）福井市鷹巣《たかす》海岸・三方町小川漁港など
- 第八次　2月11〜14日　滋賀教区隊（38人）美浜町北田《きただ》海岸・久々子《くぐし》海岸
- 第九次　2月15〜18日　和歌山教区隊（42人）美浜町北田海岸・菅浜《すがはま》海岸など
- 第十次　3月7〜10日　岐阜教区隊（39人）美浜町北田海岸・敦賀市横浜地区海岸
- 第十一次　3月11〜14日　奈良教区隊（42人）敦賀市横浜地区海岸

なお、このほかに京都、石川、新潟、兵庫の各県沿岸地域でも、それぞれ当該教区の災救隊を中心に多数の教友が重油回収のひのきしんを行った。全体として災救隊の出動人数は、スタッフを含め延べ四千三百人に上る。

第十四章　北海道南西沖地震　平成5年

平成五年（一九九三）七月十二日午後十時すぎ、北海道・奥尻島《おくしりとう》北西沖でマグニチュード7・8の激しい地震が発生した。その直後に大津波が起こり、北海道南西部へと押し寄せてきた。

震源に近い奥尻島には五分後に第一波が襲来。波の高さは七メートルから十メートルにも達し、島全体に大きな被害が出た。死者・行方不明は奥尻島の住民を中心に二百三十人に上った。

地震と津波、液状化現象や土砂崩れ、そして直後に発生した火災も加わって、島はかつてない複合型の大災害に見舞われた。とくに、火災が発生した青苗《あおなえ》地区は壊滅的な打撃を受けた。島民の犠牲者は百九十八人で、島の人口の四パーセントに当たり、その大半は津波によるものであった。

地震発生直後の午後十時半、「北海道災害対策本部」が設置され、道《どう》はただちに各方面から情報収集を開始した。次々と入ってくる被害状況の深刻さを受けて、近隣消防機関も出動し、陸・海の自衛隊への災害派遣要請も行われた。

翌日午前零時半、奥尻島に災害救助法が適用されたのを皮切りに、道南西部の大《たい》成《せい》町、瀬棚《せたな》町、北檜山《きたひやま》町にも同法の適用が決まった。

「北海道災害対策本部」は「北海道南西沖地震災害対策本部」と名称を切り替え、知事も防災ヘリで奥尻島の被災地へ向かった。

一方、政府も、この日遅く国土庁（現・国土交通省）長官を本部長とする「非常災害対策本部」を設置、十四日には激甚災害法、天災融資法が発令されることになった。

被災地では住民が迅速に避難していた。水道、電気、ガス、電話などのライフラインを確保するため、関係機関も復旧作業に乗りだした。また、民間のボランティアとして個人や企業、各種団体などから救援の申し込みが殺到。日本赤十字社や道関係部局などを経由して、炊き出しや救援物資の仕分けや搬出入、被災者への支給を主に担当した。奥尻町役場にもボランティア活動についての数多くの問い合わせが相次いだが、食事や宿泊などが不可能な状態にあり、申し出を断らざるを得ない状況も出てきた。

奥尻島出動の教訓

余震のさなか救援へ

本教でも十四日、北海道教務支庁内に「天理教北海道教区・北海道南西沖地震災害義援金係」を設置した。八月二日、災救隊同教区隊の手で奥尻町へ一千万円、六日、檜山《ひやま》支庁へ三百万円の義援金がそれぞれ手渡された。また天理教道友社に寄託された義援金のうち、四百四十一万円が第一次便として北海道教区に送付された。

七月二十一日から西田伊太郎《にしだいたろう》災救隊本部長（当時）が現地を視察した。「まだ遺体の捜索が続けられているので、現段階では出動できない」との判断から、災救隊は待機の態勢に入った。

八月三日、奥尻町からの要請を受けて、災救隊本部は出動を決定した。第一次隊は六日から九日まで、第二次隊は九日から十二日までの日程で招集を行った。翌日の夜八時すぎ、テントや作業資材、食料を積み込んだ四トントラック二台がおぢばを出発。夜を徹して陸路、北海道をめざした。

そして北海道教区隊と合流のうえ、六日午前には奥尻島へ総員百二十一人が渡航。ただちに宿泊用テントの設営に取りかかった。

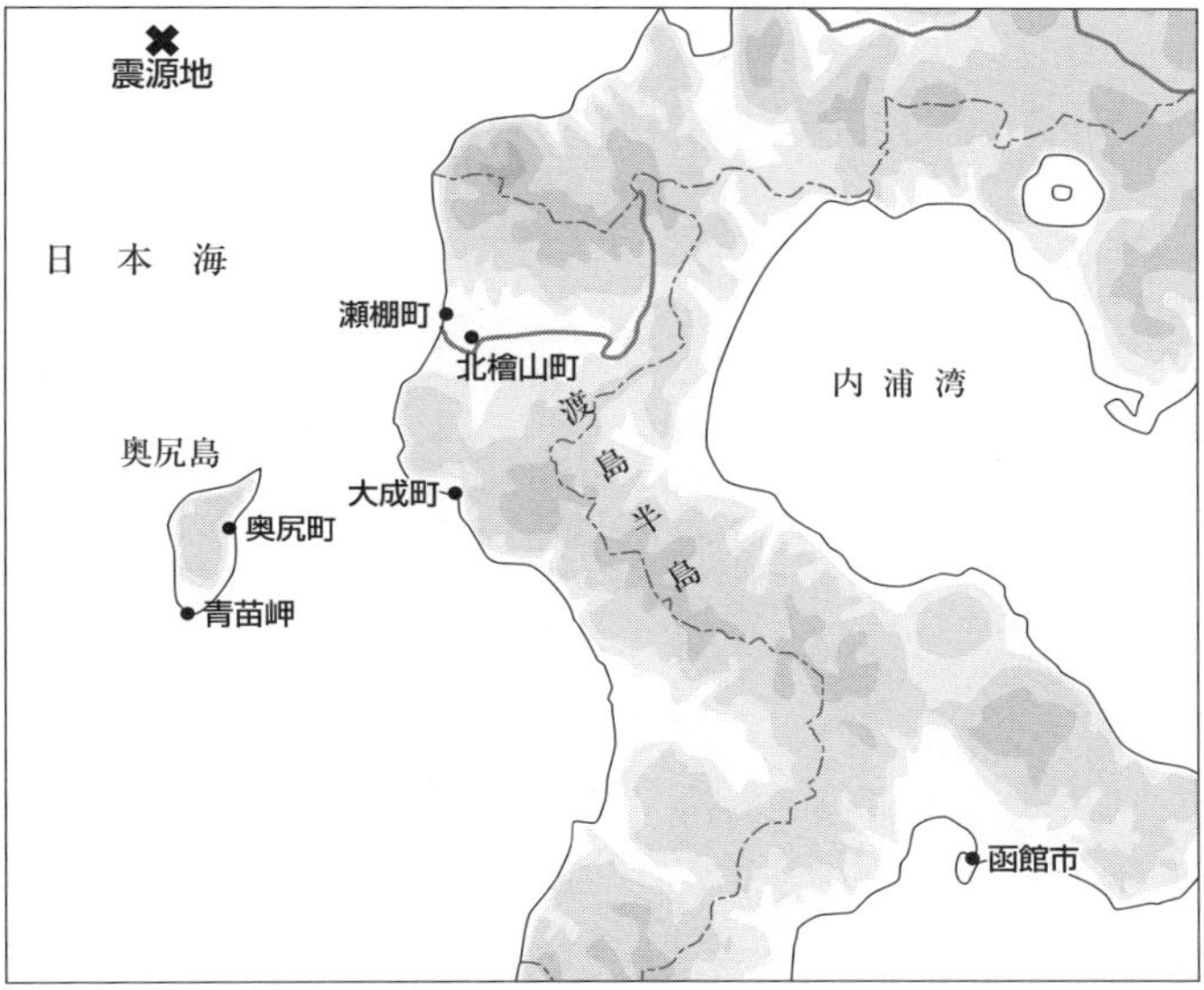

当初の予定では、ほかの宗教団体のボランティアと同様、作業内容は救援物資の整理・配送と決められていた。しかしこの日の夕刻、奥尻町役場での打ち合わせで急きょ、海岸に打ち上げられた家屋や船舶の廃材を片づけることに決定。しかも、これまでどのボランティア団体も入っていない現場が指示された。

翌朝から作業開始。最も被害の大きかった青苗《あおなえ》地区に入り、青苗川の河口付近の海岸約二キロにわたって打ち寄せられた廃材の撤去に取りかかった。材木に交じって冷蔵庫やタンスなどの家財道具、また衣類や靴、家族のアルバムや子どものおもちゃなども見つかった。一瞬にして生活を失った人々の悲しみを思うと、作業に当たる隊員たちの胸は痛んだ。

漁業に欠かせないトロ箱や仕掛け網、漁船の破片なども現場で散見された。持ち主の分かるものや貴重品類については、丁寧により分けながら作業を進めた。

八日早朝には、地鳴りを伴う震度5の地震が発生。津波警報が出されるなど、緊張が走るひと幕もあったが、第一次隊は九日午前には無事、作業を終えた。

夕刻、現地入りした第二次隊は、総員百三十一人で翌朝から活動を開始した。引き続き、海岸に散在する廃材を整理して、それらを焼却するため櫓《やぐら》状に組み上げた。

十一日には台風7号が接近してきた。隊員たちは風雨をついて出動するとともに、テントで野営していた隊員の宿泊場所を急きょ、奥尻高校体育館内へと移動した。十二日には撤収作業にかかり、宿泊所を清掃して終了。一週間にわたる出動期間の延べ人数は千六十五人を数えた。

なぜ出動が遅れたか

八月六日に町役場を訪問した折、越森幸夫奥尻町長は、災救隊に感謝の意を表明するとともに、「すでにほかの宗教団体のボランティアが早くから島に入って、救援物資の整理や配送の活動をしている。天理教の出動は少し遅いのではないか」と手厳しい言葉を述べた。

災害発生直後から、企業や個人、宗教団体を含む各種団体など、さまざまなボランティアが救援活動に参加し、その活動のピークは災害発生後二週間であったという。

越森町長は天理教教会本部に参拝したことがあり、お道の理解者でもあった。それゆえ、他教団や各種ボランティア団体が早くから奉仕活動に取り組んでいるのに、天理教が「出遅れて」駆けつけたことに歯がゆさを感じたのかもしれない。

しかし、災救隊が結果として「出遅れた」背景には、主に三つの理由があった。

北海道教区隊は、大津波で壊滅的な被害を受けた奥尻島へ。家屋の廃材などを撤去した（平成5年8月、青苗地区）

一つ目は、当時まだ遺体の捜索が続いている以上、民間の救援組織としては被災現場に入りにくかったことが挙げられる。陸上自衛隊による遺体捜索は七月三十一日で終了し、その後、町から北海道教区に救援活動の要請があったのだが、それでも六日の時点で三十数人がいまだ行方不明の状況であった。

二つ目は、島への輸送手段に限界があったことである。フェリーの利用については、復旧資材や救援物資を国や自治体レベルで輸送することが最優先されていた。たしかに、ほかの民間ボランティアは、夏休みを利用して少人数で駆けつけ、救援物資の整理や配送をすでに手がけていた。ところが、比較的大人数を動員し、多くの資材や食料を持ち込んで活動する本教の災救隊の場合、フェリーの利用は困難だったのである。

三つ目には、本教側の出動体制

の課題として、本格的活動を行うには、おぢばからの応援が必要だった点が挙げられる。実際、おぢばから急行したトラック二台には、テント十四張や作業用資材のほか、炊事本部などから提供されたレトルトカレー七千食、米四石、各種調味料が満載されていた。被災地に迷惑をかけずに活動する〝自己完結型〟の災救隊としては、この方針を貫くために相当の準備が不可欠だったのである。

ただし、この点については、いつどこで災害が発生しても、ただちに対応できる小回りの利く態勢も併せて整うならば、一層強力な災害救援組織となり得るのではないか、という課題が残された。奥尻島の被災地へ、結果として「出遅れた」ことの教訓は、ひとり災救隊のみならず本教全体として、不慮の災害に備える緊急支援の姿勢にも、のちのち生かされることになる。

高い評価受け再出動

九月十三日、大山正義《おおやままさよし》北海道教区隊長（当時）らが現地を訪問し、二回目の義援金として二千万円を越森町長に手渡し、翌日は檜山支庁にも義援金四百万円を届けた。

二十九日、北海道教区隊は再び奥尻島へ出動した。これは、前回の出動で隊員たちの活動ぶりを高く評価した奥尻町から、再度の出動要請を受けたためだった。資材や食料もすべて教区側で準備し、この日の夕方、教区内の全支部隊から総勢百四十八人（うち女子十六人）が集合した。

翌日から実動開始。町の要請により、球浦《たまうら》地区の二・五キロにわたる海岸に打ち寄せられた廃材などの整理・焼却作業に当たった。

今回の作業現場は幹線道路沿いの場所であり、島民の中には立ち止まってお礼の言葉を述べる人もいた。この日は岡田正春《おかだまさはる》北海道教区長（当時）も駆けつけて、隊員たちを激励した。岡田教区長は町役場を訪れ、本教としては三回目になる義援金千三百万円を越森町長へ手渡した。これは、八月三十一日に受付窓口が閉鎖されたあとも全教から寄せられた〝浄財〟であった。

作業が順調に進んだため、翌日は一個班を除き、前回同様に青苗地区の河口付近の海岸二・五キロに散乱する廃材の整理・焼却を行った。二日間の実動人数は延べ二百十七人を数えた。

なお、義援金の合計は、北海道教区受け付け分が二千八百八十八万三千五百二十円（六百三十件）、道友社受け付け分が一千二十万七千四百四十七円（三百二件）に上った。

九州で大規模訓練

ちょうど同じころ、遠く離れた九州の福岡県では「立教百五十六年災救隊九州ブロック訓練」が実施されていた。主な会場は、福岡県築上《ちくじょう》郡椎田《しいだ》町の龍城院《りゅうじょういん》キャンプ場である。訓練は九月二十九日から十月一日までの三日間にわたって行われた。

これに先立つ七月初旬、災救隊福岡教区隊の約二百五十一人は、事前作業を兼ねて現

九州ブロック訓練には40教区から約900人が参加。雨の中、隊員は倒木の伐採・撤去を行い、遊歩道を造成（平成５年９月、福岡県椎田町）

地入りし、前々年の平成三年九月に当地を襲った台風19号でなぎ倒された杉や檜《ひのき》を伐採・撤去するという作業に当たった。

当初、約六百人程度の参加申し込みであった九州ブロック訓練には、北海道南西沖地震や鹿児島・宮崎の台風被害から間もない時期とあって、災害復旧活動への意識が高く、また風倒木の撤去という実際的な訓練であることから、大幅な参加者増につながった。ブロック訓練としては、過去最多の四十教区から九百七人（うち女子百六十四人）が参加した。

隊員たちは折からの雨をついて作業にかかった。これら倒木の処理面積は、町有林と県有林を合わせて五万平方メートル。このほか、国見《くにみ》山《やま》の頂上に至る遊歩道を造成し、展望台を造る作業にも汗を流した。

遊歩道の造成は、倒木を取り除いたあと、根を掘り返し、草を刈り取り、急な斜面に新道をつけるという危険な作業である。隊員たちは、シャベルやツルハシで少しずつ道を切り開き、大きな木槌《きづち》で杭《くい》を打ちつけ、一輪車で砂利を運び上げる作業を黙々と進めた。また資材の段木やカスガイ、セメント袋などは隊員が担いで現場まで運び上げた。

こうした作業により全長一キロ、幅二メートル、二百六十八段の遊歩道は完成した。周防灘《すおうなだ》を一望できる頂上には、手作りのベンチやテーブルも設けられた。また、風倒木を撤去したあとには、クヌギや桜、山モミジなど八種類、計百八十本の苗木を植えた。

田原哲夫椎田町長（当時）は「信仰信念に基づき、一切の見返りを求めない心のこもった救援活動」として、災救隊の取り組みを高く評価。「一万三千五百人の町民に対し、人間の生き方や奉仕の精神の素晴らしさを教化、深い感銘を与えた」とも述べた。

平時の諸活動も怠りなく

もちろん平時においても、災救隊は全国各地で活発に活動を繰り広げている。

災救隊の各教区隊による地域ひのきしんの平時活動や訓練の模様は、ほぼ毎号のように『天理時報』紙上に掲載されている。それらは枚挙にいとまがない。北海道南西沖地震が発生した平成五年の主だった活動について取り上げてみても、たとえば次のようなものがある。

五月には、新潟、富山両教区隊計百二十五人が、糸魚川《いといがわ》市の森林公園での整備活動を実施。一方、愛媛教区隊四十一人は県山間部を走る「坂本龍馬脱藩の道」の道標の付け替えを行った。また、広島教区隊五十一人は東広島市内にある水源地の松の立ち枯れの伐採と撤去作業を担当した。

六月には、三重教区隊三十八人が伊勢市内の養護施設でコンクリートブロックの花壇を造成したり、植木の移植や芝生の手入れなどに当たった。七月には先述した福岡教区隊による風倒木の伐採・撤去および九州ブロック訓練の下準備が行われた。

また、雪国ならではの活動としては、冬季の雪下ろしがある。北海道空知《そらち》支部では一月末、支部隊六十人が美唄《びばい》市内の独り暮らしの高齢者世帯を中心に約二十カ所で雪下ろしを引き受けた。この活動は、平成二年から毎年続いている。

こうした諸活動は、隊員たちの訓練を兼ねており、地域社会へのひのきしん活動として大きな意義と実績を有するものといえよう。

第十五章　阪神・淡路大震災　平成7年

　平成七年（一九九五）一月十七日午前五時四十六分、マグニチュード７・２の直下型大地震が兵庫県南部を襲った。震源は淡路島北部で、その揺れは阪神地域にかけての活断層沿いでとりわけ凄《すさ》まじかった。ビルや家屋が一瞬にして倒壊し、鉄道や道路の高架橋が崩れ落ちた。神戸、芦屋《あしや》、西宮《にしのみや》、宝塚《たからづか》各市の一部地域や淡路島北部では、地震観測史上初めての震度７（激震）が適用された。

　就寝中だった多くの人々が、倒れた家具類や家の下敷きとなった。地震発生直後から至る所で大火災が発生し、猛火は街中をなめ尽くした。時々刻々と被災地の惨状が報道されるにつれて、被害の甚大さが明らかになっていく。一刻の猶予もならない大惨事である。被災地の各自治体はもとより、警察、消防、自衛隊など防災関連の行政各機関はただちに動き始めた。

　気象庁は、この大地震を「兵庫県南部地震」と命名。政府は、激甚災害法に基づいて「激甚災害」に指定し、また今後の復旧・復興対策のための統一名称として、この災害を「阪神・淡路大震災」と呼ぶことにした。

激震が襲った街へ

反省踏まえ、現場に急行

その朝、おぢばでも大きな揺れを感じた（奈良では震度４）。西田伊太郎災救隊本部長（当時）は、教会本部の朝づとめを前に、自宅で身支度を整えていた。揺れが収まると、すぐにテレビをつけたが、正確な情報はまだ分からない。やがて、各地の被災状況が少しずつ判明してくる。テレビ画面には、神戸市内のそこかしこで大規模な火災が発生し、また阪神高速道路の高架橋が六百四十メートルにわたって倒壊している光景が映し出された。天理市上空でも、神戸方面へ向かうヘリコプターの轟音《ごうおん》が響いている。

「すぐに現地入りしなければならない」。西田本部長はそう直感した。

教会本部では、事態を深刻に受けとめていた。二年前の北海道南西沖地震の際には、さまざまな要因があったとはいえ、結果として救援活動に「出遅れた」という苦い経験がある。そのときの反省も踏まえ、今回の初動は迅速だった。

当日午後、「天理教災害対策委員会」を招集。畑林清次《はたばやしきよつぐ》表統領（当時）を本部長とする「天理教災害救援対策本部」（以下、対策本部）が組織され、全教挙げての救援活動を決議した。

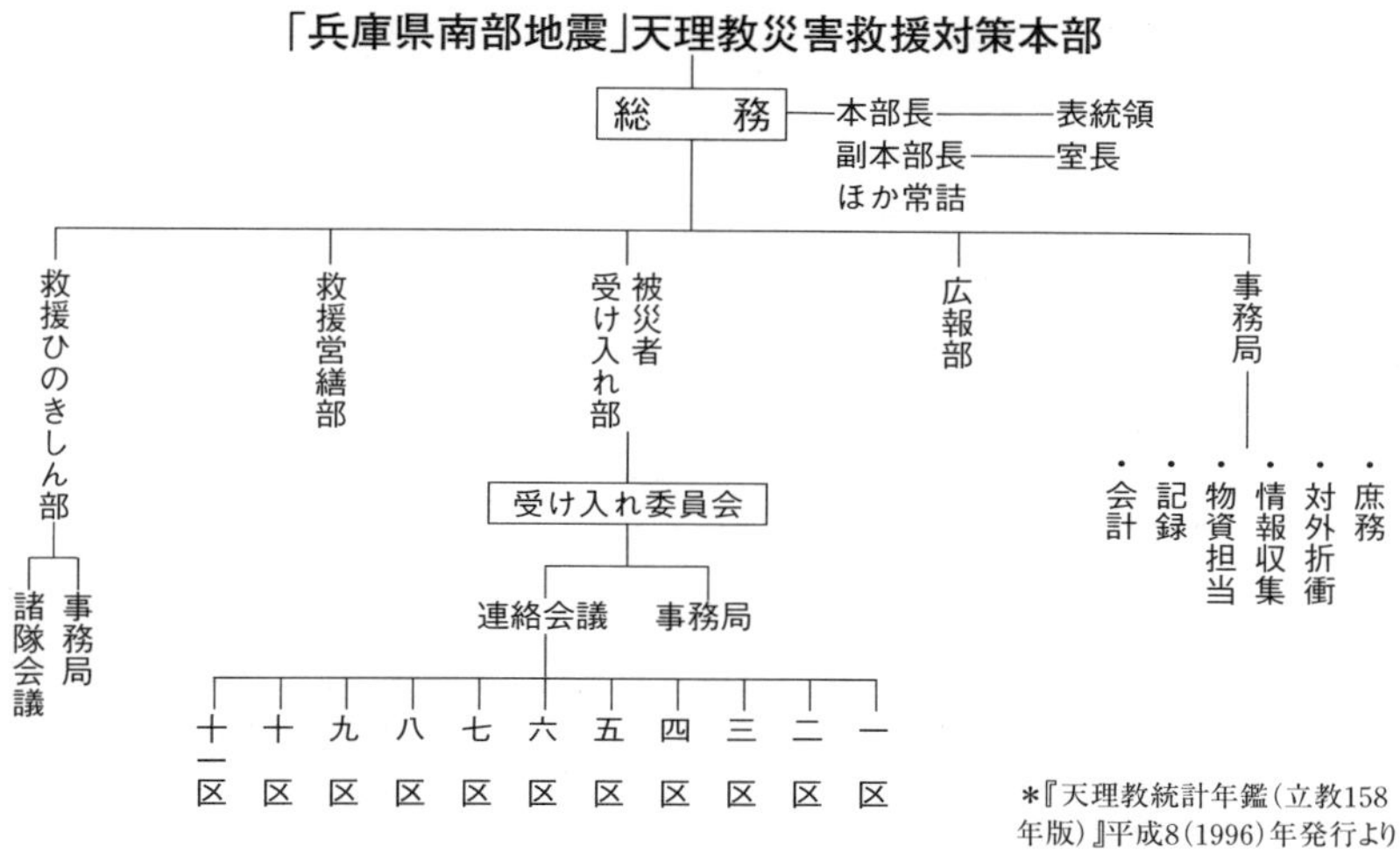

＊『天理教統計年鑑（立教158年版）』平成8（1996）年発行より

この日、夜を徹して情報収集と被害状況の把握に努めた。その結果、水道、電気、ガスなどのライフラインの損害の大きさから、まずは救援物資の緊急輸送に着手。とりわけ水の補給は急を要すると見て、給水車を送ることを決めた。次に必要なのは食料、毛布……。長年の救援活動の経験から、対策本部はこう判断した。

翌朝、対策本部は教庁各部署に指令を発した。救援物資を搬送する第一次隊の派遣準備である。

また、災救隊として救援活動をどのように行うべきか状況を把握するため、西田本部長は、梅谷忠昭《うめたにただあき》兵庫教区修理人（当時）と共に、神戸方面へ向けて出発。大阪・難波《なんば》までは近鉄電車が通じていたが、その先の交通機関は不通だったため、大阪教務支庁まで歩き、そこで調達した一二五CCのオートバイに二人乗りして被災地への道をひた走った。

一般国道を通って神戸に近づくにつれ、建物の倒壊や道路の破損状況がひどくなっていく。現地の圧倒的な被災状況を目の当たりにした西田本部長は、大きな衝撃を受けながらも冷静に現状を視察した。午後一時には神戸市灘《なだ》区の高台にある兵庫教務支庁に到着。現地対策本部の設置を相談するとともに、実際に自分の目で確かめた被災状況と各種情報を、携帯電話を使って、おぢばの対策本部へ知らせた。

午後四時、西田本部長は、田川勇《たがわいさむ》兵庫教区長（当時）らと共に兵庫県庁を訪問。淡路島の被災地視察から帰庁したばかりの貝原俊民知事（当時）に、教会本部からの見舞金三千万円と第一次隊の救援物資の目録を手渡した。このとき田川教区長は、天理市の信者詰所などで被災者を受け入れる用意があることを、貝原知事に伝えた。

しかし、まだそのころは正確な被害状況も把握できず、県庁内は混乱を極めており、災救隊の出動を要請する余裕すらなかったに違いない。（⇩186ページ・コラム「阪神・淡路大震災の被害状況」）

教会が臨時避難所に

地震直後、多くの人々は崩れ落ちた家を前に茫然《ぼうぜん》と立ちすくんでいた。しかし、まだ生き埋めになっている人がいる。被災者たちは力を合わせて、そうした人々を瓦礫《がれき》の中から救い出した。けがや火傷《やけど》を負った人、また遺体で運び出された人もいた。警察、消防、自衛隊は、他府県からの応援を得て、懸命の救出活動を続けた。各地の学校や公共施設などに避難所が設けられ、人々は着の身着のままで寝泊まりした。

かねてから地域の避難所に指定されていた神戸市須磨《すま》区の兵神《へいしん》大教会には、地震直後

兵神大教会は、集まってきた被災者を受け入れた（平成７年１月20日、神戸市須磨区）

から続々と被災した人々が詰めかけた。大教会自体も大きな被害を受けており、六階建て信者修行所の二階が崩れ落ち、一階事務所が全壊していた。

地震が発生した日、集まった近隣の被災者は約二百五十人。ライフラインが途絶したため、兵神大教会では敷地内に仮設の炊事場やトイレを設置。あり合わせの材料で炊き出しにかかった。

また、同市灘区の本部直属道昭《みちあきら》分教会でも、地震直後から、周辺住民が倒れた電柱や崩れた家屋をかいくぐって救いを求めてきた。けが人が多かったため、教会は臨時の救護所に早変わりし、教会家族が献身的に介護した。

まずは救援物資を

一方、おぢばでは十八日午後二時、本部北一駐車場に、給水車六台とトラックなどから成る第一次派遣車両十六台と要員が集結していた。このときの主な救援物資は、飲料水十六トン、炊事本部で天理教校第二専修科生の協力を得て調製したおにぎり約二万四千個を含む食料品と、

COLUMN

阪神・淡路大震災の被害状況

阪神・淡路大震災は、社会的、経済的な諸機能が高度に集積する大都市（神戸市は当時、人口約百五十万人）を直撃した、わが国初めての直下型地震である。その被害も、人的なものはもとより、建物の倒壊や火災、ライフラインの途絶、地盤の液状化、鉄道や道路の損壊、港湾施設の破壊など、さまざまな面で甚大だった。昭和以降では最大の災害となり、被害総額も平成七年二月十四日現在で把握されただけでも、約九兆六千億円に上ると推定されている。これらの被害状況は、およそ次の通りである。*

一、人的被害　死者総数は六千三百八人（平成七年十二月消防庁統計）に上り、神戸市の死者が全体の七〇パーセントを占めた。

多くの人が自宅で就寝中だったため、家具や家屋の倒壊による圧死が八八パーセント、火災による焼死が一〇パーセントであった。また、死者の半数以上が六十歳以上の高齢者である。負傷者も四万人を超えた。

二、建物の被害　住宅全半壊は二十万戸以上に上った。被害が集中したのは、古い木造住宅であった。また、新しい耐震基準以前に建てられた中高層ビルに被害が多く見られた。地震発生直後に、各所で同時多発的に火災が起こり、とくに神戸市では大規模に広がった。焼失家屋は二府二県で計七千六百八戸に上った。

三、ライフラインの被害　九府県六十八市町村の水道施設が被災、約百二十三万戸が断水した。また約百万戸が停電したが、復旧に努力した結果、早期に応急送電の体制が整い解消した。

ガスについては、大阪ガス管内で約八十六万戸への供給が一時停止されたが、四月中旬までに再開。ＬＰガスを使用している世帯でも、安全点検を必要とするところが二十八万戸以上を数えた。

電話については、電源障害などにより電話交換設備に障害が発生し、約二十九万の加入者に一時的な支障をきたした。

四、地盤液状化による被害　瀬戸内海沿岸を中心に大規模な地盤の液状化が発生。その影響で、平坦地《へいたんち》では地盤沈下、沿岸地域では地盤の水平移動による港湾被害、ライフラインが不通となり、橋脚が損傷した。とりわけ、神戸ポートアイランドや六甲《ろっこう》アイランドなどの海岸埋め立て地での被害が目立ち、しばらくの間コンテナ埠頭《ふとう》が使用不能の状態に陥った。

五、道路や鉄道の被害　鉄道関係では、ＪＲ西日本をはじめ阪急、阪神、神戸電鉄など計十三社において不通区間が生じるなど、大きな被害が出た。山陽新幹線では高架橋の落下等が八カ所で発生。また、地下を通る神戸高速鉄道の大開《だいかい》駅（兵庫区）では、鉄筋コンクリート柱がつぶれて天井が崩れ落ち、〝地下鉄安全神話〟も崩壊した。道路では、阪神高速道路神戸線の高架橋が崩壊して死傷者を出したのをはじめ、名神・阪神の両高速道路、中国自動車道および直轄国道で、二十七路線三十六区間が通行止めになった。

＊『日本の自然災害』（力武常次・竹田厚監修、国会資料編纂会、平成10年）による。

大震災の翌18日、緊急救援物資を乗せた第１次隊は、パトカーの先導で天理市を出発

毛布三千枚だった。
遙拝《ようはい》のあと、第一次隊はパトカーの先導で出発した。「地震通行止め」の高速道路やひび割れた国道を走破し、救援物資の臨時受け入れ基地となっている神戸市北区の兵庫県消防学校に到着したのは、夜の七時近くになっていた。

ところが、そこから現地への輸送手段がなかった。そのため物資を再度積み替え、午後九時すぎに神戸、尼崎《あまがさき》、川西《かわにし》、芦屋《あしや》、西宮《にしのみや》、宝塚《たからづか》の六市の市役所へ向けて同校の門を出た。目的地の一つ、西宮市役所に救援物資を届けたのは深夜十一時を回っており、おぢば出発から九時間が経過していた。輸送の要員がおぢばに帰り着いたのは、翌日の早朝であった。

マスコミの地震報道により、全国各地から救援物資が次々と被災地に集まっていた。さらに、被災者を見舞う人々やボランティアが焦土と化した街に続々と入り込んできたため、各所で大渋滞が発生。混乱を極める中、これだけ大量の救援物資を被災地まで運び届けたのは、本教が最初であったといわれている。

誠心誠意の姿を

さらに十九日には第二次隊が、二十日には第三次隊が、二十一日には第四次隊が車列を組んで救援物資を搬送。教庁関係者は総動員態勢で、物資の手配、移送、積み込み作業に力を尽くした。第二・第三次の救援物資隊には、第二専修科の学生と職員総勢八十七人が、天理教校隊としてマイクロバスに乗り込み、現地入りした。

天理教校隊は到着するや、四班に分かれて救援物資の整理にかかった。市の要請で特設された集積場には、全国からの救援物資が次々と運び込まれていた。天理教校隊の四班のうち三班は、この集積場で、市職員やほかのボランティアと共に物資の仕分け、積み込み作業に従事した。

これらの作業には、班ごとで交代しながら二十四時間態勢で臨んだ。同隊の山本利彦《やまもととしひこ》隊長は「誠心誠意、ひのきしんをさせていただき、その姿を示すことが大切だ」と第二専修科生たちを励まし、学生たちも疲労や睡魔と闘いながら黙々と作業をこなした。

出動が重なるにつれて、教会本部からの救援物資の内容も少しずつ変わっていった。第二次隊では飲料水を四十二トンに増やし、食料品はもとより女性の生理用品などを含む各種生活必需品を計二十五台から成る車両で輸送した。これは被災直後の、まずは水と食料を必要とした時期から、避難所での生活が始まった時期に移行したことを考慮した対応であった。

第三次隊は、飲料水に代わり、缶ジュース、お茶、粉ミルクや米などの飲食物をはじめ、バケツ、タオル、靴下、各種衣料品、薬品類を十台のトラックで運んだ。

第四次隊には、食料のほかにティッシュペーパーや洗濯用洗剤、また雨の予報を受けて屋内用物干し台や防水ビニールシートなどを六台のトラックに積み込んだ。こうした救援物資の推移は、避難所生活のかたわら、被災者が自宅の復旧・整理に手をつけはじめた時期に対応している。

被災地の状況に即して、このようにきめ細かな対応ができた背景には、地元の兵庫教区の教友たちによる綿密な情報収集があった。比較的被害の少なかった教務支庁内にある布教の家「兵庫寮」（女子）寮生八人は、地震直後から連日、近隣の被災者宅を訪ね歩き、いま必要な物は何かを聞いて回った。その成果が、救援物資のリストに反映されたのである。

災救隊、出動準備へ

さて、混乱した被災地の状況下にあって、各教区の災救隊は独自に情報収集を始めていた。

地震翌日の十八日、徳島教区隊は、視察隊を陸路で淡路島の北淡《ほくだん》町と一宮《いちのみや》町へ派遣。ただちに出動の必要ありと、おぢばの対策本部へ報告した。

おにぎりなどの救援物資は、子どもたちの真心とともに、自衛隊のヘリ４機で被災地へ届けられた（１月20日、天理中学グラウンド）

十九日には、先遣隊十四人を出動させ、資材の準備や物品の確保などに当たった。地震直後から出動態勢を固めていた兵庫教区隊も、同日には隊員有志が教務支庁に集結し、情報収集を続けた。この日、対策本部は、奈良、和歌山、香川の各教区隊にも出動を要請した。

全教から義援金を募る

同じく十九日、対策本部は、救援募金の実施を決定。翌日から天理教道友社に窓口を置き、募金を開始した。また同日、天理中学校では緊急の全校集会を開いて、全生徒が翌朝、一人二十個のおにぎりを持ち寄ることを決定。物資とともに温かい真心を届けようと、おにぎりひと包みごとに激励のメッセージを添えた。

同様の声は天理小学校でも上がり、また天理高校農事部、天理教語学院、海外布教伝道部（当時）もこれに協力。教職員らも生徒たちの熱い思いにこたえようと、兵庫県災害対策本部や自衛隊奈良地方連絡部などの関係機関に問い合わせた。その結果、自衛隊のヘリコプターが空輪のため、天理中学校グラウンドに飛来することになったのである。

二十日、ヘリコプターが次々と校庭に到着。生徒たちが見守る中、一万八千二百個のおにぎりをはじめ、各種救援物資が積み込まれた計四機のヘリコプターは、被災地の空へと向かった。（⇒左欄・コラム「天理中学生がおにぎりに添えた手紙」）

この日はまた、天理よろづ相談所病院「憩の家」の緊急医療班のスタッフ十一人（医師三人、看護婦五人、臨床検査技師二人を含む）が、先遣隊として神戸へ出発した。追

COLUMN

天理中学生がおにぎりに添えた手紙

一月二十日、自衛隊機によって運ばれたのは、おにぎり一万八千二百個をはじめ、パン、缶詰、使い捨てカイロなど総計三千百八十二キロ。ヘリコプター一機で一トン弱しか運べないため、急きょ四機が飛来することになった。

関係者が最も気を使ったのは、食料の衛生面。被災した人々が食べるときの参考になるよう、三個をひと包みにしたおにぎりには、調製時間、生徒の学年・氏名を記した紙を付けた。そして「寒い中、大変でしょうが、頑張ってください」「元気の出るおにぎりです」「早く家に戻れるといいですね」など、被災した人や救援活動に当たるボランティアにあてた激励のメッセージや

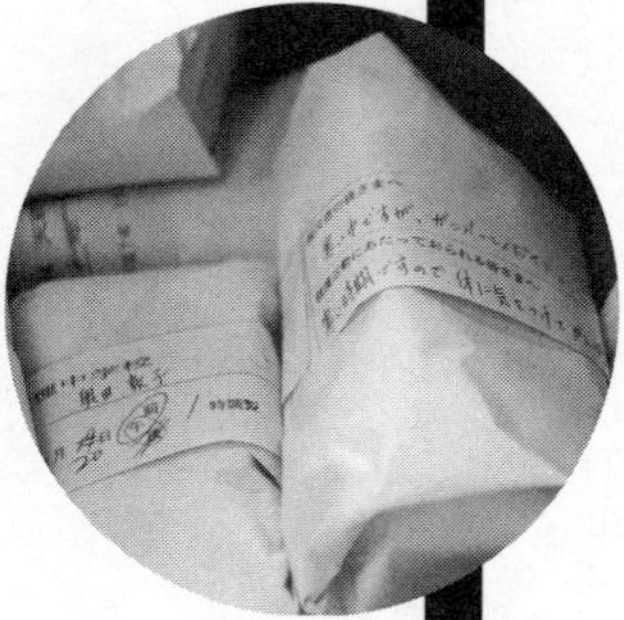

手紙も併せて添えられた。

午前十一時すぎ、生徒たちが見守る中、海上自衛隊小松島航空隊のヘリコプター一番機が天理中学校グラウンドに到着。職員たちは、プロペラが旋回したままの機内に、手際よく荷物を搬入した。四機のヘリコプターのパイロットに対して、中学校生徒会から感謝状とシクラメンの鉢も贈られた。

ヘリコプターは次々と神戸市の王子陸上競技場に向かい、生徒たちの真心のこもったおにぎりは各被災地へ届けられた。このことは翌日の全国紙に大きく報じられ、その切りぬきは早速、職員室前に掲示された。

それから間もなくして、被災地から天理中学校あてに礼状が次々と寄せられてきた。差出人の住所は、神戸市東灘《ひがしなだ》区や須磨《すま》区などさまざま。なかには同じ中学生や、小さな子どもからの手紙も交じっていた。そこには「本当にうれしい。元気が出ます」「涙が出るほどうれしかったです」「三個ありましたので、一日一個ずつ食べて、三日間幸福な気持ちで暮らすことができました」など、感謝の言葉が切々とつづられていた。

手紙にはまた、避難所生活の不自由さを伝えるものもあれば、「皆さんのメッセージを励みにして、私たちも一生懸命頑張ります」という復興への思いを書いたものもあり、被災者の〝生の声〟は生徒たちに大きな感銘を与えた。これらの手紙も早速掲示され、校内放送でも紹介された。

また、空輸を担当した小松島航空隊からも、額入りの航空写真と丁寧な礼状が届いた。その写真は、天理中学校の上空から当日撮影されたもので、校庭の真ん中に着陸した一機のヘリコプターに救援物資が搬入されている様子が写されている。礼状には、生徒会から贈られたシクラメンの花が隊員たちの心を和ませ、救援活動への大きな励みになっていることが述べられていた。

走する緊急車両には、いかなる医療活動にも対応できるように、輸液セット五百本をはじめ多数の医療器具や薬品が積み込まれた。医師たちは、翌朝から現地の避難所などで医療活動を開始した。

こうして地震発生直後から、全教の総力を挙げての救援活動が展開された。それは、「一れつきょうだい」の教えに基づき、被災して難渋をかこつ人々の痛みを〝わが事〟として受けとめる教友たちの真心の発露にほかならない。しかし、これらの取り組みは、この先、本格的に繰り広げられる救援活動の序章にすぎなかった。

実動延べ一万三千五百人

「たすけあいの誠を」

大地震から九日後の一月二十六日は、天理教教会本部の春季大祭であった。

中山善衛《なかやまぜんえ》三代真柱は、祭文の中で、大震災について事分けてふれられ、「この節にこもる深いをやの心を思案し、厳しく反省して、心の向きを正すと共に、一列兄弟の理のもと、充分にたすけあいの誠を致《いた》し、復興に努力」する決意を述べられた。このお言葉を受けて、全教は救援と復興に向けて勇み立ったのである。

その中でも、災救隊の長期にわたる活動には、特筆すべきものがあった。本節では、その内容を詳細に述べていきたい。

自衛隊と共同作業

阪神・淡路大震災における災救隊の活動は、主に四つの方面で展開された。

神戸市を中心に、全半壊家屋の解体・撤去を担当した「兵庫西隊」。同様の活動を、神戸市の東に位置する都市を対象とした「兵庫東隊」。主として給水・救援物資の仕分け・輸送を担当した「兵庫中央隊」。そして、淡路島を担当した「淡路島隊」である。

これら四方面の「隊」には、何次にもわたって複数の教区隊から多くの隊員が参加した。

兵庫西隊は加古《かこ》大教会（加古郡）を拠点として、主に兵庫県以西の教区を中心に二十二の教区隊で編成された。兵庫東隊は大阪教務支庁と此花《このはな》大教会（ともに大阪市）を拠点として、主に県以東の教区を中心に十九の教区隊で組織。兵庫中央隊は教務支庁（神戸市）を拠点として、兵庫教区隊が中心に。また、淡路島隊は洲本《すもと》大教会（洲本市）を拠点として、陸路での移動が可能な四国各県を中心に、八つの教区隊で編成された。

まず始動したのは、淡路島隊であった。地震発生直後から必要資材の準備や確保を行ってきた徳島教区隊四十九人は、地震発生から三日目の一月二十日、四国から鳴門《なると》大橋を経て陸路、淡路島へ。役場から要請があった一宮町へ出動した。同日、香川教区隊も視察のため先発隊を派遣した。これが淡路島隊における第一次隊の始まりとなった。

「野島《のじま》断層」のズレによる激震で壊滅的な被害を受けた淡路島の北部地域では、多くの建物が無残に倒壊し、その瓦礫《がれき》は道路を覆い尽くしていた。第一次隊はパワーショベルやクレーン車などの重機を駆使して倒壊家屋の解体を行い、ダンプカーで材木や残土を搬出した。

翌二十一日からは、香川教区隊も本隊を投入。香川大教会（大川《おおかわ》郡引田《ひけた》町）を拠点にして救援活動に乗りだした。徳島、香川両教区隊は、作業のために連日、鳴門大橋を渡って通うことになった。

また、海路で淡路島入りした奈良、和歌山両教区隊の九十一人も、洲本大教会を拠点に始動。活動範囲も一宮町のほか、北淡町方面へと拡大していった。

実は、この時点で組織的な救援活動に携わっていたのは、自衛隊と災救隊だけだった。当初、自衛隊は重機類を持ち込んでいなかったため、倒壊家屋などの解体はもっぱら災救隊が引き受けることとなり、ときには自衛隊と共同作業をする場面もあった。

北淡町の被災地では、役場の要請を受け、倒壊して二次災害の恐れのある公共施設や寺院・神社などの解体や後片づけを中心に活動。瓦礫で完全に道が塞《ふさ》がっている路地も多く、作業は困難を極めた。こうしたとき、自らも被災して避難生活を送っている教会長が、役場と地域住民の間を取り持ち、災救隊を手際よく導いた。

徳島教区隊は、地震から３日目の１月20日に陸路、淡路島へ。自衛隊と協力して倒壊家屋の復旧作業などを行った（21日、一宮町）

一宮町のある地域では、地震とその後の雨の影響で、がけ崩れの恐れがあることが判明した。そこで徳島教区隊では、木材や竹を用いて三段にわたる防《ぼう》護《ご》柵《さく》を作る作業を引き受けた。危険が伴うため、作業ができるかどうかの判断は、台風災害に出動した際の経験が大いに役立ったという。

第一次隊は、二十四日までの五日間で、四つの教区隊からそれぞれ五十人から八十数人を動員、延べ人数も九百二人に上った。

被災者の強い要請で

淡路島に出動した災救隊は、地元の強い要請を受けて、二十八日から三十一日までの四日間、第二次隊を派遣することにした。今度は、京都、愛知、高知の三教区隊で編成され、引き続き出動した徳島、香川両教区隊と共に計二百三十人前後が連日、復旧活動に取り組んだ。

さらに三十一日から二月四日までの五日間、第三次隊として愛知、愛媛の両教区隊百五十三人が出動。淡路、東浦《ひがしうら》、津名《つな》の各町にまで活動範囲を広げた。これとは別に、島内の三つの支部や洲本大教会でも、独自の〝災救隊〟を結成。被災教会とその周辺地域で復旧作業を担当した。

その後、被災地では業者や自衛隊による一般住宅の解体・撤去が進み、三月に入ると仮設住宅への入居も始まった。その間、待機していた淡路島隊は、北淡町の要請を受けて、三月六日から十日まで五日間の予定で再度、徳島、香川両教区隊から成る第四次隊を出動させた。

同隊の約百人は、町内の公共性の高い建物を中心に解体・撤去と整地に尽力した。階段しかない進入口にもかかわらず、巧みな作業でパワーショベルを運び上げたり、廃材等を用いて石段に〝仮設シューター〟を設け、瓦礫《がれき》を積めた土嚢《どのう》を搬出するなど、日ごろの訓練の成果を遺憾なく発揮した。

さらに、山間部にある倒壊の危険性の高い寺院を解体・撤去する際には、住民の理解を得て田地を提供してもらい、重機を通すための道を急きょ造成した。また、割れていない瓦を一枚ずつ手作業で下ろしたり、使えそうな家財道具は傷つけないよう運び出すなど、配慮が行き届いた隊員の作業ぶりに、被災地の人々から感謝の声が相次いだ。

解体した建物の柱などを用い、瓦礫搬出用のシューターを作った（3月8日、北淡町）

神戸方面での活動

淡路島以外の地域でも、災救隊は動きはじめた。その一方で、思わぬ障害にぶつかる場面もあった。

おぢばの対策本部では、地震発生直後から被災地の状況を調査して、災救隊の出動を各自治体に打診したが、要請があったのは宝塚市だけだった。実際、当初は各自治体とも救出活動やけが人への対応、行方不明者の捜索、避難所対策などに追われ、復旧作業にまで手が回らなかったからである。

対策本部は、一月二十五日に臨時の災救隊隊長会議を開き、宝塚市への出動を検討した。しかし交通事情の悪化に加え、活動の拠点づくりもままならないとあって、比較的短時間で移動できる西宮市内の被災教会と、その近隣の家屋の復旧作業に当たることにした。そこで二十八日から二月一日まで、大阪、兵庫両教区青年会の八十一人が、兵庫東隊の第一次隊として西宮市内へ出動した。

一方、兵庫西隊も同じ日程で、岡山、広島の両教区先発隊が第一次隊として神戸市長田区に出動。被災教会と近隣家屋の解体作業に取りかかった。

兵庫教区隊は独自に、西宮市内の倒壊した教会の後片づけや付近の民家の瓦礫処理に当たっていたが、二月十日から兵庫中央隊に編入。神戸市内の教会やその周辺民家の復旧作業に従事することになった。

災害救援活動は混乱状況の中で行われるため、予想もできない問題が持ち上がることも少なくない。この大震災でも、災救隊が思うように動けない場面が相次いだが、その大きな理由として、次の四つの点が挙げられる。

第一に、各自治体が大混乱していたため、行政側として災救隊に活動地区を指示する余裕がなく、災救隊への出動要請をなかなか出せなかった事情がある。また家屋の解体に際しては、住民の財産権の問題も生じてきた。さらに一月二十八日には、政府の復興計画として「全半壊の家屋については国と地元自治体とで費用を全額負担して処理する」ことが宣言された。このため、一般住宅における解体・撤去作業に一層の歯止めがかかった。民間救援組織が被災地で活動するためには、行政の許可と住民の理解が必要

災救隊が出動した被災地域

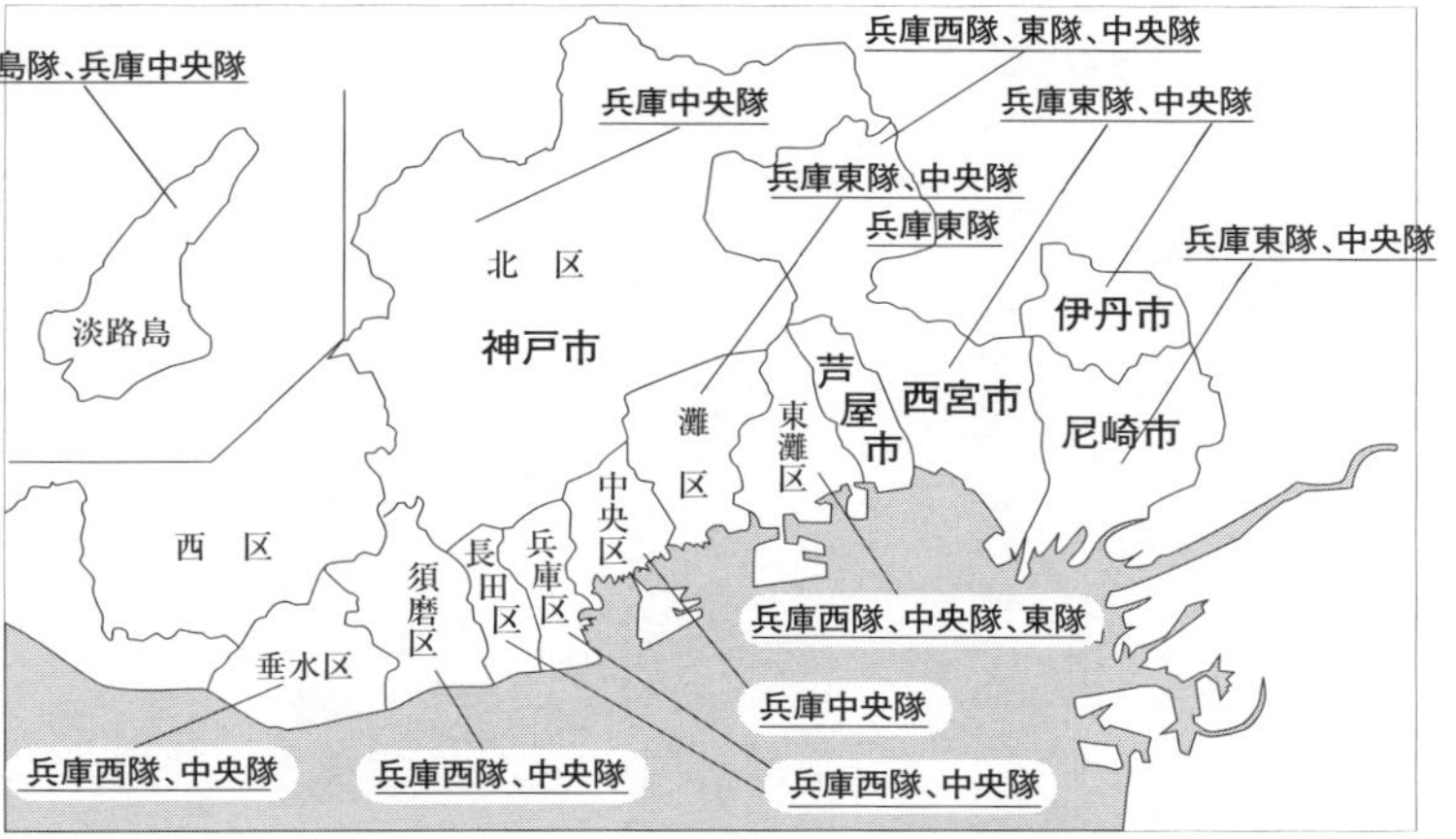

＊『天理教統計年鑑（立教158年版）』平成8（1996）年発行より

であるが、この二つが容易に得られなかったのである。

第二に、これに関連して、倒壊家屋の解体・処理がすべて行政の責任で行われることになり、自衛隊も積極的に出動することになった。そうなると、被災者側の心理として、宗教教団が運営する民間組織をすんなりと受け入れにくくなった側面もある。また、自衛隊や業者による被災地の復旧が本格化するにつれ、廃棄物処理場の制限や交通規制などにより、瓦礫の運搬や処理の問題も複雑化してきた。

第三に、未曾有《みぞう》の大規模災害とあって、公園や空き地などに避難した人々があふれた。そのため災救隊の野営地を確保できず、自炊するにしても大量の食料の調達が困難となった。そこで、近隣の教会に「食」と「住」の面で頼らざるを得なくなったが、これらの教会は被災地近くにあって給水制限を受けるなど、後方支援のうえでもきわめて厳しい状況にあった。

第四に、被害地域が広範にわたっているため、教内でも各支部の状況と反応がさまざまだった点が挙げられる。避難している教会の家族と連絡が取りづらく、結果として建物の損壊状況などに関する情報収集が遅れがちだった。被災教会としても、さまざまな事情を抱えており、一日も早く瓦礫を撤去してほしいという要望がある一方で、出動をいましばらく待ってほしいという声もあった。

ジレンマを乗り越え

このような錯綜《さくそう》した状況下では、災救隊が出動しても、瓦礫の山を前に足踏みせざるを得ない場面もしばしばあった。いきおい災救隊は、隣家に影響の出ている全半壊の教会の建物を中心に解体・整理をすることになる。反面、被災した人々の気持ちを思えば、教会中心の作業になることへの隊員たちのためらいもあったに違いない。

実際、おぢばの対策本部と現場の災救隊の打ち合わせでは、さまざまな意見が出された。

お道の者は〝きょうだいの中のきょうだい〟と教えられている。だからこそ、教友同士がたすけ合いの模範を示すのは当然ではないか。復旧した所が順々に〝たすけの基地〟となっていくならば、近隣の人々にも喜ばれるだろう。つまり、教会周辺から復旧の輪を広げていくという意見である。

あるいは、重機を用いたりして〝土木専門〟の傾向が強い災救隊だが、ひのきしんの救援部隊であることの持ち味を生かして、被災地でのさまざまなニーズに柔軟に対応すればよいのではないか。たとえば、廃材から薪《まき》を作って提供すれば、避難生活を送る人々の役に立つ。実際、現場で工夫を重ねてそのような取り組みを行った例もあり、被災した人々から大いに感謝された。

その後、兵庫西隊と兵庫東隊は、二月初旬の第二次隊から四月中旬の第十一次隊まで、それぞれ派遣を続けた。また兵庫中央隊も、兵庫教区隊、青年会ひのきしん隊、本部教庁隊を含め、兵庫教務支庁を拠点として、復旧作業のほか、物資の搬入や仕分けの作業、また仮設浴場となった長田区の市営プールでの入浴の手伝いや清掃などを次々と手がけていった。

このほか四月下旬には、恒例の災救隊の幹部訓練も、被災地での実動に振り替えられた。各教区隊の幹部ら百十九人が六班に分かれ、兵庫県内の被災教会の建物とその近隣家屋を中心に復旧活動を進めた。

これらの全てを含めると、四十六の教区隊が出動したことになる。延べ人数では一万三千四百十八人(うち女子千百四十二人)。日数にして延べ四百三十日間実動した計算になる。とくに二月十日から十三日の間は、最多の十二教区、延べ千六百二十八人が復旧活動に携わっている。出動地別では神戸市東灘区が最も多く、西宮市、神戸市灘区、同長田区の順であった。(⇓次ページ・表「災救隊の出動状況」〈『天理教統計年鑑(立教一五八年版)』より〉)

阪神・淡路大震災での災救隊の出動状況

（先発隊の出動も含む。数値は延べ数）

災救隊名	出動日数	出動回数	出動人数	女子隊員数
奈良教区隊	14	4	591	20
京都教区隊	11	3	431	57
三重教区隊	11	3	606	62
大阪教区隊	9	2	581	119
兵庫教区隊	48	10	1,529	45
滋賀教区隊	11	3	398	42
和歌山教区隊	6	2	195	
静岡教区隊	4	1	128	4
愛知教区隊	13	4	633	163
岐阜教区隊	11	3	294	16
山梨教区隊	6	2	116	20
長野教区隊	11	3	154	
徳島教区隊	18	4	607	97
高知教区隊	6	2	200	8
愛媛教区隊	6	2	183	
香川教区隊	16	4	780	41
東京教区隊	6	2	210	34
千葉教区隊	6	2	145	23
埼玉教区隊	8	2	209	15
群馬教区隊	6	2	94	
栃木教区隊	6	2	99	8
神奈川教区隊	8	2	277	32
茨城教区隊	4	1	111	
福井教区隊	11	3	189	24
石川教区隊	4	1	92	
富山教区隊	4	2	80	5
新潟教区隊	4	1	320	16
岡山教区隊	16	4	467	39
広島教区隊	13	4	325	10
鳥取教区隊	6	2	134	
山口教区隊	9	3	312	3
島根教区隊	4	1	97	20
大分教区隊	10	3	218	13
福岡教区隊	13	4	521	38
長崎教区隊	6	2	99	4
鹿児島教区隊	6	2	88	
熊本教区隊	6	2	118	20
宮崎教区隊	6	2	152	16
佐賀教区隊	6	2	96	
北海道教区隊	2	1	6	
福島教区隊	6	2	94	4
宮城教区隊	2	1	12	
山形教区隊	4	1	79	4
岩手教区隊	2	1	10	
青森教区隊	2	1	8	
秋田教区隊	2	1	2	
本部隊	8	2	286	40
青年会ひのきしん隊	24	6	952	
教校隊	8	2	80	80
不明	1	1	10	
合計	430	122	13,418	1,142

*『天理教統計年鑑（立教一五八年版）』平成8（1996）年発行より

全教の真実を被災地へ

わが身に置き換えて

阪神・淡路大震災が発生した年は〝ボランティア元年〟と呼ばれた。被災地には全国から続々とボランティアが集結。日本青年奉仕協会発行の『ボランティア白書'96—'97』によると、その数は百三十万人以上ともいわれている。災救隊は延べ一万三千四百人以上が出動したわけだから、被災地で救援活動に当たっていた人々のおよそ百人に一人が隊員たちであった。もとより、本教からの救援活動は災救隊だけにとどまるものではなかった。（⇓208ページ・コラム「大震災でのボランティアと宗教団体の活動」）

こうしたボランティア活動の大きなうねりの中にあって、教友たちはさまざまなレベルで立ち上がり、被災地でたすけ合いとひのきしん活動を繰り広げていった。それらは災救隊や天理よろづ相談所病院「憩の家」の緊急医療班のように、組織力や機動力、また専門技能を生かしたものばかりでなく、被災者の置かれた状況に思いを馳《は》せ、わが身の難儀や苦しみに置き換えて温かい心を通わせるような活動であった。ここでは、お道のひのきしんならではの、地道できめ細かな救援活動の一端を紹介したい。

長期の給水と炊き出し

本教では、地震直後の緊急救援物資を輸送する際に給水車を出動させた。その後は、青年会が中心となって、この活動を本格化。おぢばからの給水車は、一月二十一日から三月中旬までの約二カ月間、十二次にわたって出た。その実動人員は延べ六百六人、車両も延べ三百十一台を数えた。

被災地には、全国から救援物資が続々と届けられたが、現地ではその仕分けに困っていた。おぢばからの救援物資の輸送時に先発隊となった天理教校第二専修科生らは、特設の集積場で物資の仕分けや積み込み作業を受け持った。

二月に入り、一般のボランティアが増えてくると、天理教校隊は作業内容を少しずつ変え、避難所のある公園などで救援物資を配布したり、後片づけや清掃に当たるようになった。先発隊から始まるこれらの作業は、二月末のポートアイランドでの作業まで七次にわたって続けられた。こうした活動の一部には、天理大学生も加わり、実動人員は延べ千二百六十九人を数えた。

地震直後、家を失った多くの人々が学校や役場、公園などの公共施設に避難した。こうした避難所は、兵庫県内と大阪市内でピーク時には計千二百三十二カ所にも上り、最大約三十二万人の被災住民が〝仮の住まい〟とした。

避難所での食事は、自治体からの配給やボランティアの協力によって賄《まかな》われた。しか

本教は、被災地の11市区町で計7万3,000食を炊き出し。婦人会本部も３次にわたって実施（２月16日、神戸市東灘区）

し冷えた弁当などが多く、また避難所の中には暖房設備のない所もあって、温かい食事が求められていた。そうしたことから、多くの民間救援団体が炊き出しを行った。

本教でも地震直後から、被災教会が、被災した人々の受け入れや緊急の炊き出しなど、行政の手が行き届かない場面での救援活動を自主的に続けてきた。間もなく各地の教友が被災地に駆けつけ、炊き出しをはじめとするさまざまな救援活動を幅広く展開するようになった。

本教関係者による遠隔地からの炊き出しは、一月二十七日から三日間、府内《ふない》大教会（京都市）が芦屋《あしや》市内の避難所となった学校を回って、うどんを振る舞ったのが皮切りとなった。

こうした炊き出し活動は、とくに被害の大きかった地域を中心に広範囲で繰り広げられた。回数も頻繁で、手の込んだ温かい料理を提供し、またその種類も全体で四十八種に及ぶなど、被災者の状況を考えた心配りに特徴がある。

このうち、婦人会本部は三次にわたる炊き出しを実施。第一次は、二月十六、十七の両日、神戸市東灘区と中央区の小学校で行った。十六日は、豚汁二千食、おかゆ三百食を用意。中山はるえ真柱継承者夫人（現・真柱夫人、婦人会長）をはじめ、二十数人の婦人会員が参加した。

COLUMN

大震災でのボランティアと宗教団体の活動

阪神・淡路大震災では、延べ百三十万人もの人々がボランティアに参加したといわれ、しかもその大半は若者たちであった。

彼らは、特別に学校でボランティア教育を受けたわけではない。テレビなどの報道に接して、気がついたときには神戸行きの電車に乗っていたという者も少なくなかった。被災地には数多くのボランティアの拠点ができ、個人や各種団体、学校や企業単位でさまざまな支援活動に従事した。

もちろん、初めてボランティア活動に携わるというケースも多く、被災した人々や行政との間で板挟みになったり、避難所でさまざまな軋轢《あつれき》を引き起こしたり、活動に没頭するあまり〝燃え尽き症候群〟になる若者も出てきた。

そうした、いわば〝ぶっつけ本番〟の活動の中で、ボランティア同士の横のつながりや協力関係をどのように形成したらよいのか、また時間の経過とともに活動内容や役割をどのように変えていったらよいのか、若いボランティアたちは試行錯誤を繰り返していった。

そんな中で、宗教団体もまた、それぞれ全力を挙げて救援活動に取り組んだ。残念なことに、一般のマスコミには、そうした活動は一部を除いてほとんど報道されなかったため、宗教はこの非常時にいったい何をやっているのかと、国民の間から非難の声も上がるほどだった。

しかしもちろん、どの宗教団体も、さまざまな場面での人的支援や物的支援、また義援金活動など、教団を挙げて救援活動を展開しており、このことは、のちに研究者らの調査によって次第に明らかになっていった。

財団法人国際宗教研究所は、大震災が起こった年の十月に、京都で公開シンポジウム「阪神大震災が宗教者に投げかけたもの」を開催。その報告書を『阪神大震災と宗教』（国際宗教研究所編、東方出版、平成八年）として刊行した。この中では、本教をはじめ浄土宗、浄土真宗、神社神道、日本福音ルーテル教会、カトリック教会、真如苑、創価学会、金光教、立正佼成会の十教団の関係者が、それぞれ自教団の救援活動を紹介し、宗教研究者を交えて討議を行っている。

この討議は、大震災に直面して、宗教者や宗教団体の社会的意義をあらためて問い直すものとして大変興味深い。震災においては、宗教者もボランティアとして活動したが、果たして宗教者ならではの救援活動がどこまでできたのか。宗教者は教団という〝壁〟を超えるべきではないか。情熱を傾ける対象を求める若者に、宗教が提供できるものは何なのか。ボランティア団体と宗教界がもっと相互乗り入れすべきではないか等々、宗教者が真摯《しんし》に受けとめるべき問題提起が数多くなされている。

メニューにおかゆを取り入れたのは、風邪をひいたり食欲のない人にも食べやすいようにとの配慮からであった。被災地ではライフラインが完全に復旧しておらず、避難所の人々はもとより近隣住民も炊事ができない状態で、なかには高齢者や病弱の人も多数いたため、おかゆの炊き出しは大いに喜ばれた。

翌日には、中山まさ天理教婦人会長（当時）も率先参加された。避難所となっている別の小学校で、豚汁千食、おかゆ三百食を振る舞った。

その後も婦人会本部では、三月四、五の両日、それぞれ西宮市と芦屋市の避難所で、おでん、ぜんざい、おかゆの炊き出しを行ったほか、さらに十七、十八の両日にも、それぞれ西宮市と神戸市長田区内の避難所で、おでん、ぜんざい、クリームシチュー、肉じゃがを供して避難所の人々をもてなした。

このほか、二月中旬には天理大学生二十九人が東灘区内の小学校で豚汁三千二百食を炊き出し。また三月七日には、教会本部主催の行事である「学生生徒修養会・大学の部」の参加者百七十三人が、神戸市内八カ所の避難所へ出向き、計七千三百五十食の豚汁の炊き出しを行うなど、若者たちの活動にも際立ったものがあった。

教内全体では、四月初旬までに延べ三十八団体、計千百七十二人が十一市区町で実動し、豚汁、うどん、おでん、カレー、ぜんざい、雑炊、おかゆなど計七万三千百三十食を提供した。

親身に〝心のケア〟も

炊き出し以外にも、さまざまな救援活動が行われた。数多くの活動の中から、主なものを取り上げてみる。

布教の家「兵庫寮」（女子）の寮生たちは、地震直後は災救隊の世話取りなどで奔走していたが、一月下旬から本来のおたすけ活動を再開。四人一組となって隔日で避難所を回り、お年寄りの洗髪をしたり、洗濯物を預かったり、食事を届けたり、また子どもたちの遊び相手となるなど、親身になって〝心のケア〟にも努めた。

大阪・城東《じょうとう》支部は、神戸市東灘区内の町内会の要請を受けて、毎週末に現地へ赴き、さまざまなひのきしん活動を実施した。二月四日から毎週土曜日、家屋の応急修理、屋根の瓦《かわら》下ろしやブルーシートかけ、メニューを変えての炊き出しなどを精力的に行った。当初、参加者は六十人ほどだったが、たちまち百人規模に膨れ上がり、七月までの約半年間、被災地へ足を運び続けた。

東濃《とうのう》大教会（岐阜県加茂《かも》郡）は二月中旬から三月下旬にかけて、十次にわたる〝救援ひのきしん隊〟を西宮市へ派遣した。市のボランティアセンターの指示のもとで、延べ二百五十人余りが救援物資の仕分けや炊き出しを行った。

ユニークな活動も数多い。たとえば芦津《あしつ》大教会（大阪市）は、一月二十三日から四日間、イギリスの高名な民間国際救助隊による捜索救助活動の後方支援を担当した。この救援隊は、ファイバースコープ等の最新鋭の機器を駆使して人命救助を行う高名な災害救援ボランティア組織である。このときは残念ながら生存者は発見できなかったものの、遺体を発見して遺族に喜ばれたという。

また大阪教区の壮年部は、子どもたちの勉学のためにと、学用品一万点を神戸市教育委員会を通じて寄贈した。このほか、各地で被災者支援のためのチャリティーバザーやコンサートを開いたり、震災により不足した輸血用血液を補おうと、おぢば管内の高校やいくつかの教区で集団献血も行われた。さらに、被災地の子どもたちを励まそうと、紙芝居や映画の上映会を開くグループもあれば、各地の避難所をこつこつ回って救援物資を配布する教友もいた。

天理への入浴ツアー

風呂に入るのもままならない避難所生活では、入浴サービスも人々に喜ばれた支援活動の一つである。その一環として、長田区内の温水プールが入浴施設として利用できるようになると、同所でのバス乗り場の整理や受け付け、後片づけ等の作業を、天理教校隊が担当した。これに本部隊や兵庫教区学生会が加わり、延べ六百十一人（うち女子二百四十六人）が二月二十五日から三月末までの約一カ月間、入浴支援の諸活動を行った。

これとは別に広島教区青年会は、二月二十五日から長田区内の避難所に「陽気湯《ようきゆ》」と名づけた仮設風呂を設けた。また、震災から十八日後に風呂場を復旧して、地域の人々に無料で提供した同区内の大衆浴場経営者の教友もいて、人々から大いに感謝された。

「天理教被災者受け入れ委員会」は、おぢばでの一泊三食付きの無料入浴バスツアーを企画した。このツアーは、とくに高齢者を中心に参加を募集。内容は、おぢばで医師の健康診断を受けて入浴し、ゆっくりと食事をしてくつろいでもらうというもの。

教会本部では当初、被災した人々を天理市内の信者詰所で受け入れる用意があると兵庫県に申し入れたが、被災者にとっては仮設住宅への入居待ちに不便なことや借地借家の関係などで離れたくないといった理由で、申し込みの希望が少なかったため、それに代わる支援プランとして行われた。

二月十七日、第一陣として東灘区の避難所から、十八人がマイクロバスでおぢばに帰ってきた。これは三月下旬まで十八回にわたって続けられ、神戸市各区と西宮市内の避難所から計六百五十九人が来訪した。

また、天理小学校は被災地からの転入生を受け入れ、天理大学でも被災学生の学費の減免措置を取った。

救援医療と募金活動

災害緊急医療に着手した天理よろづ相談所病院「憩の家」では、引き続き第二次隊を長田区へ派遣。一月二十五日から二月六日にかけて、六班がそれぞれ三日間ほどの日程で診療活動に従事した。

全教からの募金を、約２億円ずつ２回に分けて兵庫県知事に手渡した（神戸市の兵庫県庁）

このあと、第三次隊は、奈良県災害対策本部による医療救護班に協力するという形で、二月七日から十三日まで、東灘保健所管内で診療を行った。医療班の活動日数は延べ十九日、派遣人員は医師、看護婦、薬剤師、臨床検査技師などを含めて延べ六十五人。診療者数も延べ千二十人に上った。

義援金は、教内の各方面から、窓口となった天理教道友社に寄せられた。その中には、天理教が運営母体となる各学校の生徒会や児童会による校内募金や、ハンセン病療養所内の教友による募金も含まれていた。こうして集まった「天理教兵庫県南部地震災害救援募金」は、二月二十六日までに三千三百三十三件、計三億七百四十二万五千九百九十円に達した。二月二十日には、畑林清次表統領（当時）が兵庫県庁を訪れ、このうち二億円を貝原知事に手渡した。

三月末の募金締め切り後も、義援金はひきも

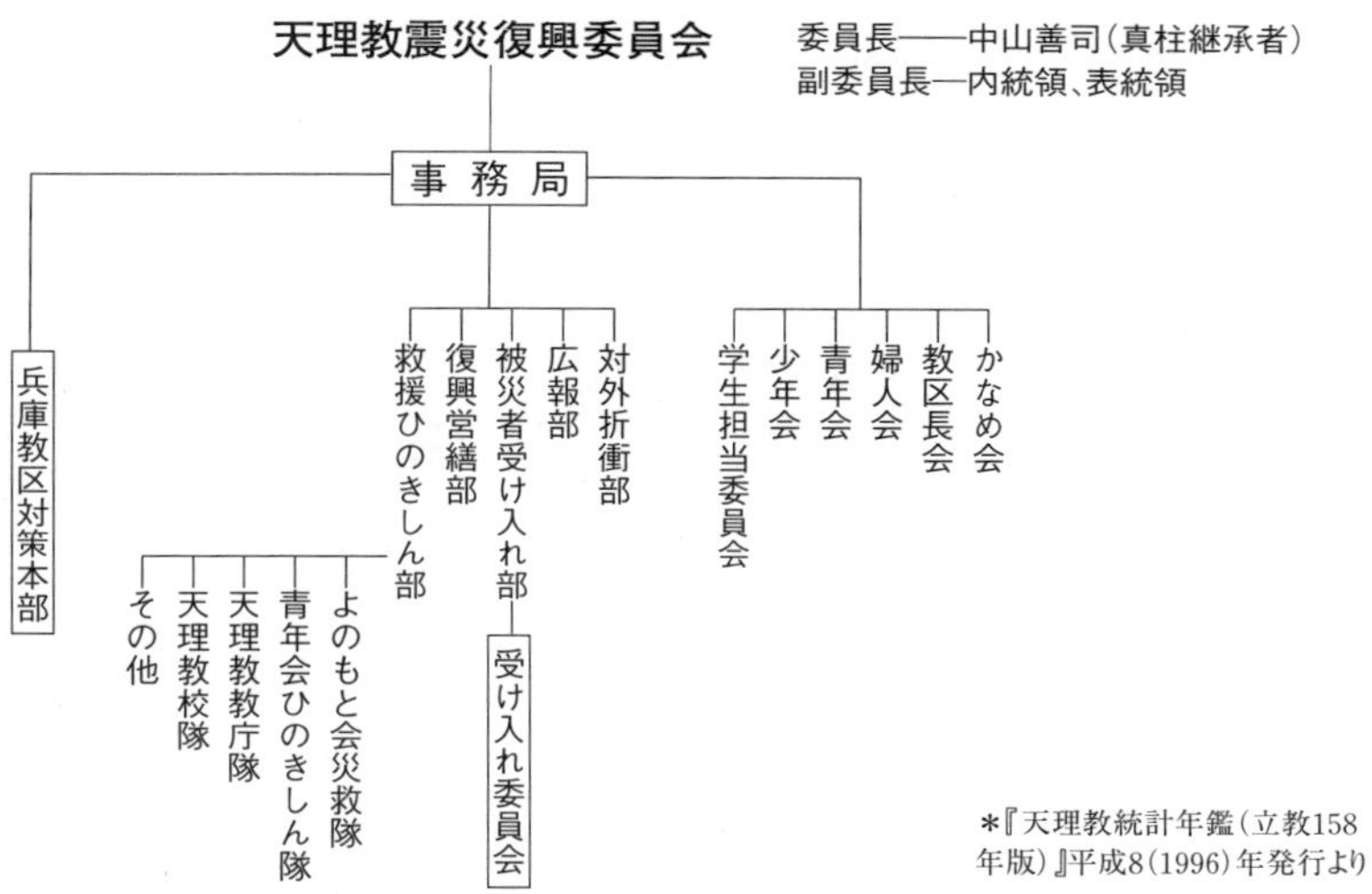

＊『天理教統計年鑑（立教158年版）』平成8（1996）年発行より

切らず道友社へ寄せられたが、ひとまず四月十八日をもって受け付けを終了。二十八日、全募金の残高二億円余りを再度、貝原知事に寄託した。これにより、本教は四億円余りの義援金を被災地へ届けたことになる。

なお、その後も九月二十七日まで募金は寄せられ、最終募金総額は四億四千六百五十七万二千三十六円となった。

〝心の復興〟めざして

二月二十一日、これまでの「天理教災害救援対策本部」に代わるものとして、中山善司《なかやまぜんじ》真柱継承者（現・真柱）を委員長とする「天理教震災復興委員会」が発足した。これにより、被災地と被災教会への復興・支援活動は、同委員会に引き継がれることとなった。（天理教災害救援対策本部〈⇒183ページ〉と天理教震災復興委員会の組織図を参照）

◇　◇　◇

阪神・淡路大震災は、戦後最大の自然災害であるとともに、社会的経済的な機能が集中する大都市を直撃した都市型の大災害でもあった。六千三百人を超える尊い命が失われ、負傷者も約四万人に達し、住宅の全半壊は二十万七千戸に上るなど、甚大な犠牲と未曾有《みぞう》の被害をもたらした。

本教でも四百五十四カ所の教会が被災し、出直された教友も少なくなかった。

やがて、仮設住宅が各所に建てられ、緊急支援の段階が過ぎたあとでも、お年寄りの孤独死やアルコール依存症者の増加が報じられるなど、震災で受けた人々の〝心の傷〟は容易に癒《いや》されることはなかった。

こうした中、被災地では人々の〝心の復興〟をめざして、息の長い支援活動、地道なおたすけを続ける教友たちがいた。なかには、一切の見返りを求めない天理教者のひのきしんの態度に魅了され、後日、入信する被災者もいた。お道ならではの血の通った救援活動は、思いもよらぬ難儀不自由を味わった人々にとって、生きる勇気を奮い立たせ、真の復興に向けて新たな一歩を踏み出す〝心の糧〟になったと私は信じている。

第十六章　台湾大地震　1999年

一九九九年九月二十一日午前一時四十七分（現地時間）、台湾中部の南投県集集鎮付近を震源とするマグニチュード7・3の大地震が起こった。被害は、震源に近い南投県や台中県で大きく、台湾全土で死者二千四百四十人、家屋全半壊は十万六千戸を超えた。

海外初の災救隊誕生

台湾災區服務隊

台日の有志が救援に

台湾政府は、李登輝《りとうき》総統（当時）自ら陣頭指揮を執って救援活動に乗りだし、また軍隊も陸戦隊と工兵隊が重機を用いて被災者の救出に当たった。また、日本をはじめとする各国政府も人道支援の手を差し伸べ、国内外のボランティアも独自に動きだした。

本教でも翌日、台北《タイペイ》市にある台湾伝道庁で緊急幹事会を開き、義援金百万元（約四百万円）を内政部に寄付するとともに、「祈安のおつとめ」の執行、義援金募集の呼びかけ、青年会を中心とする災害救援ひのきしんの検討を行った。

この日の午後、三濱善朗《みはまよしあき》海外部次長（当時）が伝道庁に到着。九月二十五日までの滞在中、本教の関係教会に被害がなかったことを確認するとともに、被災地の状況を視察した。この間、有志は台北市政府で救援物資の仕分け作業のボランティアに参加するなど、救援活動を開始した。

二十六日の幹事会で、臨時の「天理教災區服務《さいくふくむ》隊」の結成を決議。隊長には、洪克明《こうかつめい》台湾青年会委員長（当時）が任命された。服務隊は十月から毎週日曜日、台中や南投の県政府と連絡を取り、主に被災した学校や民家の後片づけを担当することになった。日本の災救隊の特徴ともいえる〝力仕事〟だけでなく、女性隊員たちによる活動も目立ち、学校や道路の清掃、花壇の整備といった作業もこまめに行った。

四回目の出動の際には、被災地の行政当局から「被災者の〝心のケア〟をしてほしい」という協力要請があった。これを受けた服務隊では、現地の言葉が分かる台湾の教友が中心になって戸別訪問を行い、病人の回復を祈って「おさづけ」を取り次いだ。（⇒226ページ・コラム「台湾の宗教事情と民間災害救援」）

また、家屋の解体などについては、おぢばの災救隊本部から派遣された主事二人の指示のもとに、実地研修として四日間、台中県大里市と南投県國姓郷の被災地で作業に従

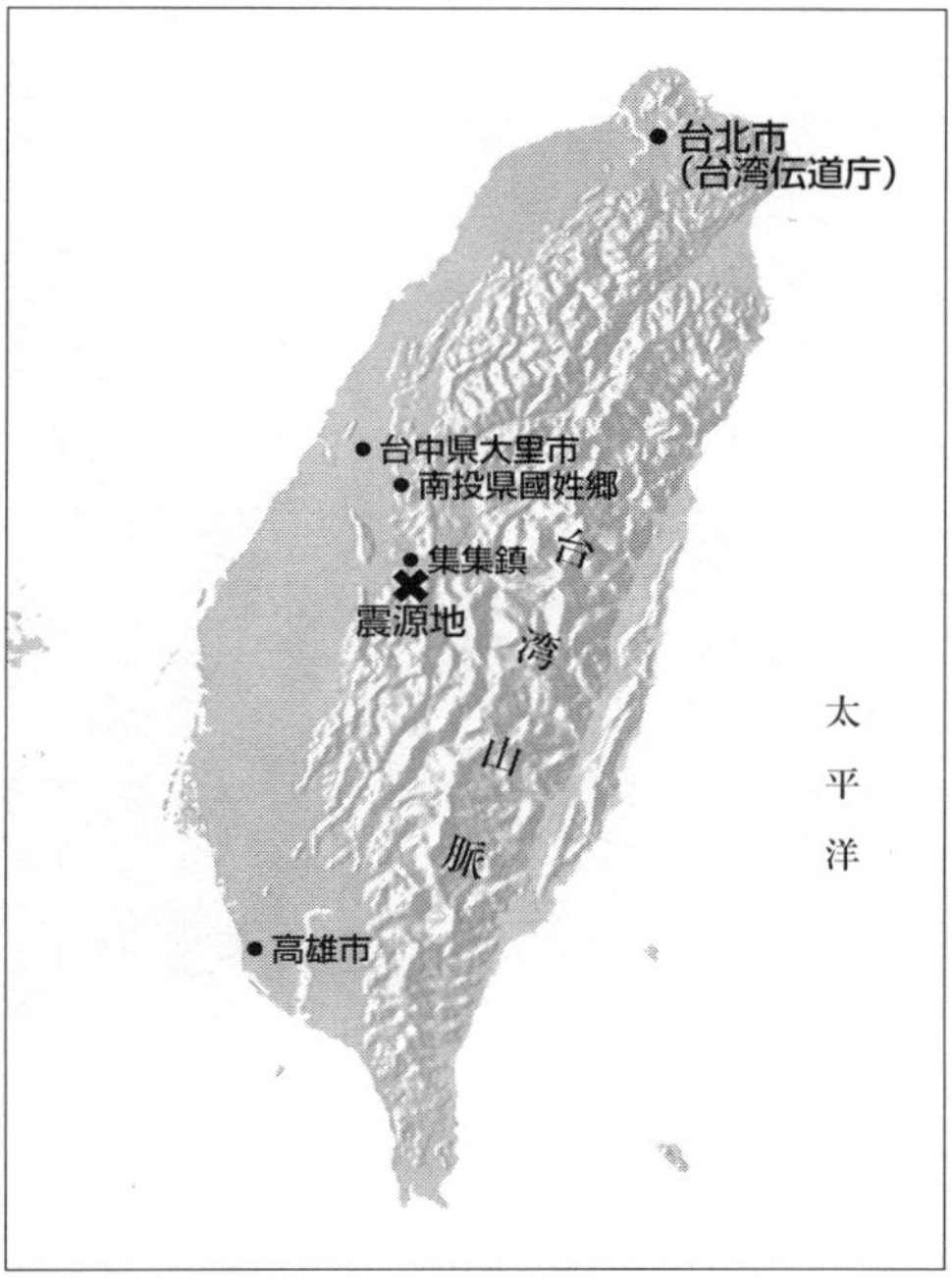

事した。臨時に立ち上げられた服務隊は十二月十九日まで十二次にわたって活動し、延べ三百四十七人が参加した。

これとは別に、山名《やまな》大教会（静岡県袋井《ふくろい》市）は九月末、台湾の台中県大里市にある山名台湾布道所に「九・二一震災天理教大里地区救済復興募金センター」を設置。現地で募金を呼びかけるとともに、被災した近隣住民の依頼を受けて、倒壊した家屋から家財道具を運び出す作業などを引き受けた。

その後、山名大教会につながる教友たちが「義工隊《ぎこうたい》」（ひのきしん隊）を結成して、十月二十日から二十五日まで連日、約四十人が復旧作業に当たった。内容は、大里市の要請を受けて、神戸市から送られた阪神・淡路大震災時の仮設住宅を建設すること、さらに、そこに引っ越す人々の手伝いであった。二十五日には仮設住宅村の開所式が行われ、あいさつに立った大里市長は、天理教の救援活動について謝辞を述べた。

なお、義援金については九月二十八日の時点で、飯降政彦《いぶりまさひこ》表統領、寺田好和《てらだよしかず》海外部長（当時）、山田忠一《やまだただかず》天理教梅華《ばいか》会会長（敷《しき》

台湾大地震では、臨時の〝災區服務隊〟が被災家屋の解体などを行った（1999年11月、台中県大里市）

島《しま》大教会長）が台日外交の窓口の一つである台北駐大阪経済文化弁事処《べんじしょ》を訪問。教会本部からの義援金三百万円、天理教梅華会からの義援金百万円を寄託した。

折しも、同年八月十七日に発生したトルコ大地震の支援活動を行っていた海外部「国際たすけあいネット」では、台湾大地震の発生により義援金募集の期間を延長して、広く教内に募金を呼びかけた。

この募金では、十月三十一日までに二千三百五十七万千九百四十六円が寄せられ、その中から十一月十一日、トルコ大使館（東京都）で大使に二百万円（八月三十日に第一回目の義援金三百万円を寄託）を、翌十二日には台北駐大阪経済文化弁事処で義援金五百万円を処長に手渡した。これにより、台湾への義援金総額は、九百万円となった。

台湾から全国訓練に参加

台湾伝道庁では、十二月九日の布教推進委員会、十日の教会長布教所長連絡会議の席上、災區服務隊の再編成を発表。隊長、副隊長も新たに任命された。翌平成十二年（二〇〇〇年）一月二十六日には、伝道庁長と隊長、副隊長が教会本部で上村眞一《うえむらしんいち》災救隊本部長に面談。台湾大地震における支援へのお礼と、その後の活動を報告するとともに、災區服務隊再編の趣旨および組織編成の要旨や活動方針などを説明した。

四月二十六、二十七の両日、親里で災救隊の幹部研修会が開かれた。当時、有珠山《うすざん》噴火で出動待機中の北海道教区隊などを除き、四十四教区隊の幹部が集う中、台湾災區服務隊の組織づくりを進めている教友五人も参加した。今回は、平成十三年の災救隊結成三十周年を記念する「全国訓練」が静岡県で開催されることもあり、その事前研修を兼ねたものであった。百九十七人の参加者は、奈良市郊外の天理教青少年野外活動センター「さんさいの里」で、チェーンソーなどを使った立ち木の伐採法を実地に学んだ。

そして十月二十九日から三日間、この全国訓練が静岡県袋井市の「小笠山《おがさやま》総合運動公園」で開かれた。四十六の教区隊と、台湾から災區服務隊の中心メンバー二十一人を含む総勢千二百四十一人が参加した。

災救隊では毎年、全国に九つあるブロックのいずれかで「ブロック訓練」を実施しているが、これはその〝全国版〟であり、過去に三回行われている。今回は、災救隊結成三十周年を記念する一大イベントとあって、そのスケールと参加者数で過去最大の訓練となった。

初日には飯降表統領があいさつに立ち、「災害救援の場は、一れつきょうだいとしてのたすけ合いの場。ここで活動することが、道のうえでの大きな伏せ込みになる」と隊員たちを激励した。また、来賓として出席した柳沢伯夫衆議院議員（元・国土庁長官）は「日ごろの訓練により指揮系統も明確で、しかも信仰に基づいたひのきしん活動の一環として行われていることは、被災した人々にとっても大変頼もしい存在」と述べ、災救隊を高く評価した。

隊員たちは、班ごとにマイクロバスに分乗して作業現場へ。松くい虫の被害で立ち枯れた木の伐採を中心に、森林内の遊歩道の整備、沢の流れを整えるための導水管の埋設、使われなくなった送電線用の鉄塔の解体・撤去など、五カ所の現場で特色ある作業を繰り広げた。

立ち木の伐採では、四月の幹部訓練の成果を生かして、三十一の班の計六百人がチェーンソーなどを用いて作業に当たった。現場は松林の急斜面で、人の背丈ほどに生い茂った下草のため見通しの悪い場所もあり、隊員たちはお互いに声をかけながら慎重に作業を進めた。

食事の世話取りは、静岡教区の婦人会員約百二十人が担当。宿営場所の「親水公園」では生活排水を流せないため、公園から車で十分ほどの山名大教会が炊事と食事の場所となった。

三日間の作業で、約千五百本の立ち枯れの松を伐採、百七十メートルにわたって導水管を埋設、延長七百五十メートルの遊歩道を整備した。遊歩道整備には間伐材も利用され、台湾の教友たちも木橋の設置などに取り組んだ。

災區服務隊結成式

二〇〇一年三月十日、台湾伝道庁で「台湾伝道庁災區服務隊」の正式な結成式（成立大会）が行われた。私はこのとき、天理教道友社の特派員として渡台し、大会の模様を取材する機会を得た。

当日は伝道庁の月次祭《つきなみさい》の日。祭典終了後の午前十一時半から、伝道庁の玄関まであふれる三百人余りの教友が見守る中、大会式典が始まった。

十七人の服務隊幹部は、一九九九年九月の台湾大地震の救援活動の際にそろえた、紫と白のコントラストも鮮やかなジャンパーを着用し、一般隊員も六十人が参加した。

今回の成立大会は、災救隊本部が公認する正式なもので、この日、海外初の災救隊が誕生した。

遙拝《ようはい》のあと、廖敏仲《りょうびんちゅう》青年会委員長が力強く服務隊の成立を宣言。続いて、中国語（北京語）であいさつに立った西初之《にしはつゆき》伝道庁長（当時）は「一昨年の大地震の際は、発生直後から他宗教が救援活動をしていた。本教は態勢が整わなかったので、組織的にはただちに対応できなかったところがある。しかし今回、ここに服務隊が結成された。これからは万一、災害が発生した場合、すぐに状況を知らせてほしい。その情報を得て、服務隊として行動を開始するので、皆さんもぜひ活動に参加してほしい」と呼びかけた。

中国天理教総会の張修明《ちょうしゅうめい》董事長《とうじちょう》（＝理事長）の来賓祝辞のあと、前川誠司《まえがわせいじ》災救隊副本部長らの出席者があいさつを行った。

その中で前川副本部長は、濃尾地震以来の百年以上にわたる本教の災害救援の歴史についてふれ、災救隊結成三十周年という記念すべき年に、海外初の災救隊が正式発足した意義を強調。そして「〝いざ〟というときに備えてのひのきしんも大切だ。しかし災害は本来、起こらないほうがよい。災害が起こらないで済むように、普段から、親神様に喜んでいただけるような日々のひのきしんに努めていただきたい」と激励した。隊員はじめ出席者は、同時通訳のレシーバーで熱心に話に聴き入っていた。

次に、災救隊本部から隊旗、テント四張とヘルメット六十二個が贈呈された。「台湾伝道庁　天理教災區服務隊」の真新しい隊旗が会場に掲げられる中、隊員全員で服務隊の「宣誓唱和」を中国語で唱えた。

このあと、会場を伝道庁中庭に移して、月次祭の直会《なおらい》を兼ねた祝宴が行われた。仮設のスクリーンには、本教の災害救援の歴史的映像や、台湾大地震の際の服務隊の救援活動、前年十月に静岡で行われた全国訓練の様子を収録したビデオを上映。隊員たちは台湾料理を囲んで、なごやかなひと時を過ごした。

正式結成した台湾災區服務隊。海外初の災救隊誕生は、本教の災害救援史のエポックとなった（2001年3月、台北市の伝道庁）

海外初の災救隊結成の意義

台湾は、戦前から本教の海外布教の盛んな土地である。台湾大地震の際も、教会本部から義援金が届けられ、現地教友も一般ボランティアに交じって、救援活動に積極的に携わった。こうした活動の中から、青年会員を中心に服務隊結成の動きが起こったのである。

このときの救援活動は、二つの点で特徴的だった。

第一に、婦人会員や女子青年が数多く参加し、日常的なひのきしん活動を被災地でも繰り広げた点である。今回の正式発足の際の隊員名簿によると、全隊員百八十四人のうち、女性が約六割（百八人）を占める。実際、十二次にわたる救援活動においても、女性隊員の働きが目立った。これなど、日常のひのきしんの姿そのものであり、被災地における非常時の災害救援といっても、あくまで地域におけるひのきしん活動の延長線上にあることを端的に示しているものといえるだろう。

第二に、被災者の〝心のケア〟の一環として、おさづけを取り次いだ点である。日本の場合、被災者に対するおさづけの取り次ぎは、信仰上の問題でなかなか難しい面もあるが、台湾では仏教や道教をはじめ各種の民間信仰が日常生活に浸透しており、本教の〝おたすけ〟が受け入れられやすい宗教的素地がある。

また、行政サイドでも宗教に対する理解があり、各教団が物心両面から被災者への救済に当たることを歓迎している向きもあるようだ。

◇

COLUMN

台湾の宗教事情と民間災害救援

台湾では、宗教的信仰の層はきわめて厚い。街中にも数多くの寺廟《じびょう》があり、参詣者の線香の火が絶えることはない。仏教、儒教、道教、民俗信仰が入り混じっているのが台湾の宗教の特徴でもあり、寺廟にはさまざまな神仏が祀《まつ》られている。

また、全体として現世利益《りやく》的な傾向がとても強い。人々の間では宗教者への尊敬は高く、僧侶に対しても深い敬意が払われている。ケーブルテレビには宗教のチャンネルがいくつもあり、僧侶の説法やヒューマン・ドキュメント番組などが流されている。

そのような宗教的風土の中から、徹底して公益活動を推進する宗教団体がいくつか現れて、多くの信奉者を集めている。台湾では、地方政府の財政的基盤が弱いこともあり、そうした性格の民間の篤志団体がさまざまな救援活動を行っている。台湾大地震の際も、ある仏教系の財団法人は仮設住宅や学校の校舎の建設まで手がけ、いまなお定期的に仮設住宅の住民を訪問して悩みの相談に乗っている。

一般の市民も宗教篤志家たちの活動を歓迎しており、また行政サイドとしても彼らの〝ボランティア精神〟を高く評価して、災害が発生したときには彼らの救援活動を期待しているようだ。

宗教者の救援活動が一般のボランティアのそれと異なるのは、ある意味で〝心のケア〟をしっかりと担当できることでもあろう。だからこそ、本教の災害救援ひのきしん隊が台湾大地震での救援活動を行う際、被災地の行政当局から「宗教者として被災者の〝心のケア〟にも当たってほしい」という要請がなされたのである。

ところで、本教の台湾伝道は、明治二十九年（一八九六）に遡《さかのぼ》る長い歴史をもつ。「日本時代」には各地に多くの宣教所が設けられ、昭和九年には台湾伝道庁も設置されたが、第二次世界大戦が終わると同時に、伝道庁や多くの教会は日本への引き揚げを余儀なくされた。

しかし、昭和四十二年になって台北市に伝道庁（仮事務所）を開設。また四十七年には中華民国政府に対しての天理教組織として、財団法人中国天理教総会が発足した。その後、次第に布教活動も盛んになり、今日に至っている。

このたびの災害救援ひのきしん隊の正式発足により、台湾の地で本教がより組織的な形で地域社会に貢献することが可能となった。このことを吉祥《きっしょう》として、本教が掲げる陽気ぐらしの教えが、台湾の人々の心に浸透するための大きな契機となることを期待したい。

「ひのきしん」という教語は、そのまま翻訳せずに台湾の教友の間でも用いられている。ひのきしん活動の意味を、一般への理解を促すうえから、あえて中国語に訳すと「聖労」となる。これは、ひのきしんの〝活動〟としての意味に重点を置いた卓抜な訳語であると、私は思う。つまり、親神様に生かされている喜びを日々の行為に表すその姿が、他者への献身や社会への貢献という〝聖なる労働〟として表されるという意味なのだろう。

こうした「聖労」は、広い意味での〝おたすけ〟活動の中に位置づけられ、展開されていくものではないだろうか。だからこそ、被災地でのひのきしんも、地域における日常的なひのきしん活動の延長線上にあり、したがって、またごく自然な形で、おさづけの取り次ぎが行われたのだといえよう。

本教は、台湾独自の宗教的風土の中で、まだその存在は小さく、活動もそれほど知られていない。それゆえに、本教のもつ世界たすけの精神をそのまま日常的に展開していくならば、現地の人々も本教の姿勢に一層感化され、結果として〝にをいがけ〟に資することにもつながるはずだ。この意味で今回、正式発足した災區服務隊は、台湾における本教の布教活動のうえで、きわめて大きな意義を有している。

◇

なお、正式結成後の災區服務隊の初出動は、二〇〇一年九月中旬、台湾に上陸・停滞して大きな被害をもたらした台風16号の復旧活動においてであった。

この台風により、台北市を中心とする北部地域では、街全体が泥水につかり、一時ライフラインも途絶するなど、都市機能は終日停止状態となった。台風が通過したあと、災區服務隊は被害の最も大きかった地域の一つである台北市北部の内湖地区を中心に初出動。九月十八日から二十四日までの一週間、延べ百五十人が家屋内に流入した土砂や家具類を運び出す作業を行った。

当初は独自に実動場所を探しながらの作業であったが、そのうちに付近の住民から要請が相次ぎ、結果として二十五軒の家屋の復旧に携わることとなった。災區服務隊のこの救援活動は、台湾の全国紙『自由時報』(九月二十六日付朝刊)で紹介された。

第十七章　総括

ひのきしんは世界たすけの礎

私は平成十二年（二〇〇〇）の夏、災救隊北海道教区隊に同行して、有珠山《うすざん》での救援活動を取材した。同教区隊は避難勧告地域の一部解除に伴い、ただちに七月初めから虻田《あぶた》町の洞爺湖温泉《とうやこおんせん》町地区で活動を開始しており、私が取材したのは第四次隊であった。

火山活動は沈静化したとはいえ、町の中心からわずか五百メートルほどの所に二つの噴火口が開いており、そこから絶えず白い噴煙が立ち上っている。取材ノートを広げていると、十分もしないうちに微細な灰がノートに降り落ちているのに気づく。辺りには、ほのかに硫黄《いおう》の臭《にお》いが漂い、幹線道路沿いでは除灰作業がある程度進んではいるものの、路地や民家の屋根、庭先などには灰が積もったままだった。

私は災救隊に密着して取材するとともに、役場関係者や町民、一般ボランティアからも、本教の救援活動の印象について聞いた。ある民芸品店の店主は、昭和五十二年の噴火の際、除灰作業に訪れた災救隊のことをよく覚えていた。今回の救援活動についても、

北海道教区隊は、立ち上る有珠山の噴煙を背に屋根の降灰を取り除いた（平成12年7月、虻田町）

口にこそ出さないけれども、住民のだれもが大変感謝しているはずだと言う。人々の疲労感が募ってきたときに、天理教の災救隊が真っ先に来て除灰作業をしてくれたので、町民にとっては復興に向けての大きな励みになったと語ってくれた。

私が被災地を訪ねたころには、行政と住民とボランティア団体の三者会議が開かれるようになっていた。私も会議の場に同席させてもらったが、地図を見ながら次の日の除灰作業の段取りを立てる際に、災救隊が頼りになる〝戦力〟として組み込まれていく様子がよく分かった。災救隊はとくに機材が充実しており、普段から訓練を行っているため、一般のボランティアには困難な、屋根に上っての作業を専門に引き受けるという形が定着していた。

自然災害に見舞われた地域

にいち早く駆けつけ、できることは何でもさせていただく。突発的な〝難渋だすけ〟へのこうした災救隊の取り組みは、社会におけるひのきしん活動の一つの真骨頂であると、私も実地取材によって実感できたのである。

なお、北海道教区隊は最終的に五次にわたって出動した。その活動期間は、八月中旬まで約二カ月間にわたり、出動人員も延べ二千人余りを数えた。屋根の除灰は計百三十四戸、家屋周辺での作業も八十三カ所。灰を詰めた土嚢《どのう》は約四万袋という膨大な量に上った。

第五次隊の解隊式が行われた八月二十日、長崎良夫虻田町長は同隊の貢献に対して謝辞を述べるとともに、感謝状を贈った。

普段のひのきしんこそ

災害という有事のときだけに出動するのが災救隊ではない。むしろ、地域での普段のひのきしん活動こそ大切である。災救隊の『隊則』第三条の第一項には「地域における常時ひのきしん活動」が記され、第三項に「災害救援活動」を行うとなっている。

このことは、中山善衞《なかやまぜんえ》三代真柱が、昭和五十一年の災救隊結成五周年の記念大会以降、幾度も説かれている思いである。すなわち、災害が来るのを待ってひのきしん活動をするのではなくて、災害を頂かなくても済むように、親神様の思召《おぼしめし》を素直に受けて、これにふさわしい道を日々喜んで実践し、ひのきしん活動の先達となって働くということが肝心なのである。

災救隊は〝ひのきしんの隊〟として、災害現場での救援のみならず、あくまでも日ごろから地域におけるひのきしん活動の先頭に立つことが期待されているのである。

実際、災救隊の各教区隊は、それぞれの地域で、訓練を兼ねたひのきしん活動を盛んに行っている。その多くは、防災を意識した活動や緑化の推進である。とくに有珠山においては、昭和六十年から平成十一年にかけての十五年間にわたり、営々と植樹が続けられてきた（幸いなことに、今回の噴火では、植えられた木々は大きな影響を受けなかったと聞いた）。

また、積雪の多い地域では毎年、独居老人宅の屋根の雪下ろしが行われている。地域の日常生活に密着したひのきしんが基礎となって、初めて有事の際に人々に信頼される活動も可能になるといえよう。

ひのきしんとボランティア

ひのきしんとは、天理教信仰に基づく報恩感謝の行為である。どちらかといえば、人に評価されるより、自らの足元からこつこつと真実を積み上げていくような営みである。喜びの心で日々勇んでひのきしんを実践し続けたその結果として、社会の人々にも喜んでもらえる。そうした意味では、社会から見たひのきしんは、天理教の〝公益的教理〟と受けとめられているであろう。

しかし、だからといって、ひのきしんは単なるボランティア活動ではない。ボランティアが世のため人のため社会へ働きかけるという、水平面でのみ展開される活動であるのに対して、ひのきしんは親神様へ向かうという垂直軸を指向している。その特徴は、親神様に日々生かされて生きている感謝の思いを、報恩の行為へと発動させていくことにある。神と人との関係という垂直軸の行為が、人と人との関係という水平面へと働きかけられるとき、ひのきしんは社会性を帯びた実践的営みとなるのである。

中山善衞三代真柱は、阪神・淡路大震災の翌年の平成八年十月二十七日、第七十二回青年会総会の席でのお言葉の中で、ボランティアとは一線を画するひのきしんの意義を明確に示された。

ボランティアとひのきしんは、活動する者の気持ちが、発想の時点で根本的に差異があるように思うのであります。一方は、世のため人のためになるから活動するというのに対して、一方（ひのきしん）は、結果はなるほど世のため人のためにはなるであありましょう。この点は同じかもしれないが、活動できる体をもって親神様の思召《おぼしめし》を実行することに重点があるのであります。ボランティア活動だけでは、私たちのひのきしん活動は不十分だと言わなければいけません。なぜなら、教祖《おやさま》が私たちに教えてくださって、最も肝心な点である、人間はだれによってどうしてつくり出されたのか、この世の中に病気や災難があるのはどういうわけなのか、どうすればそうしたことから逃れて、喜びと勇みに満ちた生活をすることができるのか、などの本教にとって大切な話を伝えることができないと思うからなのであります。

（『みちのとも』立教一五九年〈平成８年〉12月号より）

そして、親神様のご守護を身をもって伝えることこそ、ボランティア活動に「上乗せしなければならない」天理教信者としての任務であると、三代真柱は述べられている。そのことが可能なのは、ひのきしんのエネルギーが、ひとえに親神様から直接頂くものだからであると私は考える。ただ単に、人間のエネルギーだけで行う活動であれば、やがて力が尽きるだろうし、飽きもくるであろう。しかし親神様から直接エネルギーを頂くがゆえに、ひのきしんの実践は常に力強く、勇んだものとなるのである。

被災地でのたすけ合い

平成七年の阪神・淡路大震災が起こったとき、私たちが思い知らされたのは、文明の豊かな蓄積が一瞬のうちに打ち砕かれ、日常の暮らしが営めなくなるということであった。これは、私たちが普段〝当たり前〟だと思っていた生活が、本来は決して〝当たり前ではない〟ということを示唆している。

しかし、このことを教訓として得たというには、震災はあまりにも大きな犠牲を払った。いや、どんなに理屈や意味づけをしたとしても、犠牲になった人々やその家族にとっては、なんの慰めにもならないだろう。

ところが〝不幸中のわずかな幸い〟として、私たちがあらためて見せられたのは、被災地で澎湃《ほうはい》と起こったたすけ合いの姿であった。被災した人々が自発的にたすけ合ったばかりか、全国各地から百三十万人ともいわれる多くのボランティアが駆けつけたのである。その光景は、本教の〝一れつきょうだい〟の教えが現実のものとなったかのような感さえ抱かせた。

親神様の思いは、世界一れつをたすけ上げ、人類の陽気ぐらしを実現させることにある。そのためには、私たち一人ひとりが「世界中の人間は皆、等しく親神様の子供で、真の兄弟姉妹《きょうだい》である」ことを強く自覚し、互いにたすけ合う生き方を広めることである。いち早く教えを知った私たちには、この生き方を先導していく使命がある。

災救隊の場合、とくに阪神・淡路大震災以後は、一般のボランティアと協力したり、ときにはリーダーシップを発揮してボランティアを指導する場面も見られるようになった。いまや災救隊は、民間災害救援組織のエキスパートとして、社会的に高い評価を得るに至っている。

世界へ輝き出る試金石

思えば、阪神・淡路大震災が起きた年は〝ボランティア元年〟と呼ばれた。その一方で、一連のオウム真理教事件が起こり、破壊的カルト宗教の恐るべき実態が人々を震撼《しんかん》させた年でもあった。宗教の社会的役割や存在意義が、肯定的な意味でも否定的な意味でも鋭く問われたのである。大震災における全教挙げてのひのきしん活動は、まさにこうした状況の中で、本教の教えが社会の現場で試され、世界へと輝き出るための大きな試金石となったのかもしれない。

震災から三年後の平成十年には、ＮＰＯ法（特定非営利活動促進法）が成立・施行された。この法律は、災害救援だけでなく、福祉、町づくり、環境保護、文化活動の支援など、広範囲にわたる人々の公益的な市民活動に対して、制度的基盤を設けるものである。教友たちが各地で立ち上げたグループの中にも、この法人格を取得するケースが出てきている。

〝里の仙人〟の姿こそ

平成十二年三月十七日から九月十八日まで、約半年間にわたって開かれた「淡路花博」では、大震災を経験した兵庫教区が、会場内での各種ボランティア活動を率先して引き受けた。開幕時点では延べ八千五百人の教友がひのきしんを希望していたが、最終的には一万五五百三十六人にも上ったという。この動員数は、期間中の全ボランティアの半数近くを占める大規模なものだった。

貝原俊民兵庫県知事（当時）は、花博終了後の九月二十五日、おぢば帰りをした。天理市内で開催された「花博ひのきしん」の報告・謝恩会の席であいさつに立った貝原知

「淡路花博」の会期中、会場内の環境美化などに努めた教友たち（平成12年7月）

事は、「広い会場にごみ一つ落ちておらず、非常に清潔であったことと、また会場内のボランティアの方の接客が人間味に満ち、温かかったことは、天理教の皆様のひのきしんのおかげ」と絶賛した。

地域社会における地道な活動の中で、お道の人らしい態度で〝にをい〟をかけていく教友一人ひとりの生き方こそが、まさに〝里の仙人〟としてのあるべき姿にほかならない。地域に密着したひのきしんのライフスタイルは、お道の教えを着実に広めていくうえでの確かな礎ともなるのである。

私たちは、信仰者としての自己を確立すると同時に、〝一れつきょうだい〟である世界の人々とも手を携え、陽気ぐらし世界の建設に向けて共に力を尽くしていくことも求められよう。こうして、ひのきしん活動による天理教者の自己実現は、〝神のふところ〟である世界の至る所で果たされていくのである。

二つ一つの〝ひのきしん隊〟

ところで、〝ひのきしん隊〟といえば、その歴史からしてもすぐに思い浮かぶのが「おやさとふしん青年会ひのきしん隊」であろう。昭和二十八年（一九五三）四月、中山正善二代真柱から発表された「おやさとやかた」構想に率先対応すべく、翌二十九年一月に発足した。

以来、同隊は、ぢばへの伏せ込みと教理修得の場として、今日まで半世紀にわたって続いてきた。実は、その隊員と隊員経験者が、災救隊各教区隊の主要メンバーとして活動してきた点をここで指摘しておきたい。

つまり、たすけの根源である〝ぢばへの伏せ込み〟を旨とする青年会ひのきしん隊は、突発的な難渋に手を差し伸べる災害救援ひのきしん隊の原動力となってきたのである。言い換えれば、この両ひのきしん隊は、ぢばへの求心と地域への遠心という〝二つ一つ〟となってダイナミックに機能してきたといえるかもしれない。

もとより、両隊に共通するのは、親神様への報恩感謝の心であることは言をまたない。

天理教の金看板はひのきしん

天理教の金看板はひのきしんといわれる。私たちは毎日の暮らしの中で、ひのきしん活動を営々と続けることにより、地域社会にお道の教えを映していく〝なるほどの人〟

となり得る。そして、すべての教友が日本の津々浦々で、世界各国で、地道なひのきしん活動を積み重ねていくことは、結果として、地域社会に教えを根づかせる伏せ込みの種ともなり得るであろう。

ひのきしんは、親神様によって「生かされて生きている」ことへの喜びの発露であり、そこにあるのは、勇みばかりである。それゆえ、ひのきしんは本来、功利主義的な意味を超えた境地を志向したものである。喜びの心、勇みの心を表現するのに定まった形はない。いつでもどこでも自由に行える。災害救援ひのきしんも、被災地で難渋している〝きょうだい〟に手を差し伸べるという形を取って、報恩感謝の心を表現した活動にほかならない。要するに、本教の信仰の行動化された姿は、すべてひのきしんといえよう。

そうした営みが、結果として人のため社会のために役立つ活動となり、また、その中から、〝世界たすけ〟に向けての有為なる人材が育っていくことにもつながると思う。

「欲を忘れてひのきしん」という「みかぐらうた」のおうたの通り、教友たちによる無私無欲の献身的な災害救援ひのきしんは、社会に〝なるほどの理〟を映し、被災した人々の心に勇気と元気と希望を与えてきた。今日の整備された災救隊組織にまでつながる本教の災害救援史は、こうして世界たすけに向かう大きな礎を築いてきた一世紀といえるかもしれない。

（完）

【第三部　参考文献】

第十章

◎災害・歴史関係

『朝日新聞』昭和47年から51年までの自然災害関係各記事。

『都市の自然災害』（稲見悦治著、古今書院、昭和51年）。

◎天理教関係

『天理時報』

昭和46年4月4日、4月18日、5月16日、6月13日、9月5日、9月12日、9月19日、9月26日、10月10日号。

昭和47年6月18日、6月25日、7月2日、7月16日、7月23日、7月30日、8月13日、8月20日、8月27日、9月17日、9月24日、10月8日、12月24日号。

昭和48年3月4日、3月11日、5月6日、7月8日、7月29日、8月12日、8月19日、9月9日、10月7日、10月14日、11月25日号。

昭和49年3月10日、5月19日、9月8日、12月22日号。

昭和50年11月23日号。

昭和51年8月22日、8月29日、9月5日、9月12日、9月19日、9月26日、10月3日、10月10日、10月17日、10月24日、10月31日号。

昭和55年3月2日、6月8日、7月13日、9月14日、12月7日号。

昭和56年2月8日、3月8日、7月26日、10月18日号。

昭和57年2月14日、4月25日号。

『新潟理生』332号（昭和56年2月4日）、333号（同年3月4日）。

『新たな明日をめざして――災害救援ひのきしん隊10年の歩み』（天理教災害救援ひのきしん隊本部編、天理教よのもと会事務局発行、昭和58年1月16日）。

『天理教災害救援ひのきしん隊』（天理教災害救援ひのきしん隊本部編、天理教よのもと会事務局発行、平成3年5月25日）。

『天理教災害救援ひのきしん隊・隊員必携』（天理教災害救援ひのきしん隊編、天理教よのもと会、昭和51年4月26日初版、56年10月26日改訂版、61年11月26日改訂第2版）。

◎取材協力

久保隆・田原分教会長（災救隊奈良教区隊初代隊長）。

第十一章

◎災害・歴史関係

『長崎新聞』昭和57年7月23日～8月15日号。

『7・23長崎大水害の記録』（長崎県、昭和59年3月）。

『さいぶ 緊急特集号―激じん！長崎大水害―ガス供給再開まで』（西部ガス総務部広報、昭和57年8月）。

『さいぶ』11月号（西部ガス総務部広報、昭和57年11月）。

◎天理教関係

『肥長大教会保管資料』

「昭和57年7月長崎水害天理教災救ひのきしん隊・東長崎地区〈写真〉」

「昭和57年長崎水害・第二専修科隊8月13日 大教会にて〈写真〉」

「昭和57年7月23日長崎水害記録簿」〈天理教肥長大教会災害救援対策本部〉

「昭和57年7月23日長崎水害記録・水害関係新聞切り抜き綴――長崎新聞7月24日～8月15日号」。

『ひなが』第45・47・48合併号（天理教肥長大教会、昭和57年9月18日）。

『天理時報』

昭和57年2月14日、4月25日、8月8日、8月15日、8月22日、9月19日、10月10日号。

昭和58年6月12日、7月3日、8月7日、8月14日、8月21日、8月28日号。

『新たな明日をめざして――災害救援ひのきしん隊ひのきしん隊10年の歩み』（昭和58年1月16日）。

『天理教災害救援ひのきしん隊』（平成3年5月25日）。

『天理教災害救援ひのきしん隊・隊員必携』（昭和61年11月26日改訂第2版）。

◎主な取材協力

橋本治郎・肥長大教会長。

橋本英雄・鶴港分教会長。

岩田祐弘・瓊波分教会長。

柳　洋一・茂木分教会長。

第十二章

◎災害・歴史関係

『ドキュメント有珠山大噴火』（NHK取材班、日本放送出版協会、昭和53年）。

『噴火の人間記録――有珠山から感謝をこめて』（虻田町教育研究会編、講談社、昭和53年）。

『1977年有珠山噴火災害対策の概況』（北海道総務部有珠山噴火災害対策本部事務局、昭和

55年3月）。

『行政報告』（蛇田町議会、昭和62年度）。

『鳴動　普賢岳　写真・記録集〔改訂版〕』（長崎新聞社、平成4年8月）。

◎天理教関係

『天理時報』

昭和47年5月7日、5月14日、5月21日号。

昭和52年7月10日、9月18日、10月30日号。

昭和53年4月2日、11月5日、11月12日号。

昭和54年6月10日、6月17日、6月24日、7月1日号ブロック版〔北海道〕、7月15日号。

昭和60年6月23日、7月7日号。

昭和63年8月7日、9月11日号。

平成2年6月17日号。

平成3年6月2日、6月9日、6月23日、6月30日、7月7日、7月14日、7月21日、7月28日、8月4日、8月11日、8月25日、9月29日、10月13日、11月10日、5月19日号(号外)。

平成4年6月14日、9月27日、10月25日、8月18日号（号外）。

『北海道教区報』（天理教北海道教務支庁）、昭和52年10月、12月号。昭和53年12月号。昭和54年7月、8月号。昭和55年3月号。昭和60年7月号。

『天理教災害救援ひのきしん隊』（平成3年5月25日）。

『みちのとも』「ドキュメント天理教初めて物語〈第四話〉災害救援」（平成3年5月号）。

その他、『災救隊本部保管資料』（雲仙普賢岳における救援活動の写真など）。

◎取材協力

上村眞一・災救隊本部長。

伊藤正治・災救隊北海道教区隊長。

第十三章

◎災害・歴史関係

『朝日新聞』平成2年2月1日（夕刊）、2月5日（朝刊）、2月6日（朝刊）。および平成9年1～3月の災害関連記事。

『知恵蔵』（朝日新聞社、平成10年）。

『防災白書』（国土庁編、大蔵省印刷局、平成10年5月）。

◎天理教関係

『天理時報』

平成2年2月25日、3月18日号。

平成9年2月2日、2月16日、2月23日、3月2日、3月9日、3月30日号。

『京都教区報』（天理教京都教務支庁）平成2年3月2日、4月2日、5月2日号。

『福井教区報』（天理教福井教務支庁）平成9年2月2日、3月2日、4月2日号。

『災救隊本部保管資料』（『天理教災害救援ひのきしん隊第5～9次隊〈立教160年2月1日～18日〉作業報告暫定版〈改訂第4版〉』『天理教災害救援ひのきしん隊第10～11次隊〈立教160年3月7日～14日〉作業報告暫定版』いずれも天理教福井教区災害救援ひのきしん隊嶺南班・災救隊嶺南班広報部編）。

◎取材協力

上村眞一・災救隊本部長。

第十四章

◎災害・歴史関係

『「奥尻」その夜』（朝日新聞「奥尻その夜」取材班、朝日新聞社、平成5年）。

『北海道南西沖地震の総合的調査報告書』（国土庁・自治省消防庁、平成6年3月）。

『平成5年7月12日　北海道南西沖地震記録書』（北海道南西沖地震記録書作成委員会、平成7年3月）。

◎天理教関係

『天理時報』

平成5年6月13日、7月11日、8月8日、8月15日、8月29日、10月10日、11月21日、8月18日号（号外）。

平成6年2月20日、7月10日号。

『陽気』（養徳社）平成5年9月、10月号。

『北海道教区報』（天理教北海道教務支庁）、平成5年3月1日、8月1日、9月1日、11月1日号。

『災救隊本部保管資料』（『北海道南西沖地震天理教災害救援ひのきしん隊出動報告・1993年8月4日～12日』『北海道南西沖地震被災記録・1993年7月12日』『北海道南西沖地震出動記録・立教156年8月4日～14日新聞記事や被災地および救援活動の写真など』『「立教156年九州ブロック訓練」実施報告』）。

◎取材協力

伊藤正治・災救隊北海道教区隊長。

第十五章

◎災害・一般関係

『朝日新聞』(平成7年1、2月の震災関連記事)。

『毎日新聞』(平成7年1、2月の震災関連記事)。

『大阪読売　阪神大震災　特別縮刷版(1・1〜2・17)』(読売新聞社、平成7年3月)。

『週刊読売臨時増刊「神戸壊滅」』(読売新聞社、平成7年2月7日)。

『「阪神大震災」全記録』(神戸新聞社、平成7年3月30日)。

『災害救援』(野田正彰著、岩波新書、平成7年7月)。

『防災白書』(平成10年5月)。

『大震災ボランティア』(戸高眞弓美編著、朝日新聞社、平成7年3月)。

『ボランティアとよばれた198人――誰が神戸に行ったのか』(ながた支援ネットワーク編、中央法規、平成8年11月)。

『震災の思想――阪神大震災と戦後日本』(藤原書店編集部編、藤原書店、平成7年6月)。

『阪神大震災と宗教』(国際宗教研究所編、東方出版、平成8年)。

『(資料)阪神・淡路大震災と宗教教団の対応』(立命館大学災害社会学研究会・高木正朗、平成11年3月)。

『ボランティア白書'96―'97』(社団法人日本青年奉仕協会、平成9年)。

『社会の危機と宗教の可能性――阪神大震災被災地における宗教の実証的研究』(文部省科学研究費補助金研究成果報告書、三木英＝研究代表者、平成12年3月)。

◎天理教関係

『「兵庫県南部地震」に対する対策本部の活動実施状況報告』①②③(天理教災害救援対策本部から直属教会、教務支庁、詰所、本部各部署へのFAX通知文書〔日付不明〕)。

『天理時報』

平成7年1月29日、2月5日、2月12日、2月19日、3月5日、3月12日、3月19日、3月26日、4月2日、4月9日、4月13日、4月23日、5月7日、7月16日、12月17日、9月30日号（号外）。

『みちのとも』平成7年3月、4月、5月、6月号。

『創立三十周年記念誌　三十年の歩みと震災の記録』（天理教兵庫教区長田支部、平成8年11月）。

『天理教統計年鑑』立教158年版（天理教表統領調査課編、天理教教会本部、平成8年2月26日）。

『道の動き――１９９５』（天理教教会本部編、天理教道友社、平成8年10月26日）。

『災救隊本部保管資料』（災救隊兵庫東隊・西隊関係書類など）。

『緊急報告・兵庫県南部地震救援活動』（ＴＮＷ平成7年1月22日放送、ビデオ）。

『わかぎ』18号（平成7年度、天理中学校、平成8年3月11日）。

『兵庫通報』（天理教兵庫教区広報部）平成7年2月2日～10月2日号。

『あわのみち』（天理教徳島教務支庁）平成7年3月1日、5月1日号。

『香川教区月報』（天理教香川教務支庁）平成7年3月1日、4月1日号。

『愛媛教区報』（天理教愛媛教務支庁）平成7年3月1日号。

『奈良教区報』（天理教奈良教務支庁）平成7年2月27日号。

『和歌山教区報』（天理教和歌山教務支庁）平成7年1月25日号。

『災救隊本部保管資料』（災救隊出動報告書、兵庫東隊・兵庫西隊各種記録など）。

『緊急報告・兵庫県南部地震救援活動』（ＴＮＷ平成7年1月22日放送、ビデオ）。

『天理教ネットワーク第21回』（ＴＮＷ平成7年2月5日放送、ビデオ）。

◎取材協力
西田伊太郎・災救隊前本部長。

上村眞一・災救隊本部長。

山本利彦（当時、災救隊天理教校隊隊長）。

第十六章

◎災害・一般関係

『台湾大地震救災日記』（李登輝著、ＰＨＰ研究所、平成12年）。

『台湾大地震』（陳銘磻編、旺角出版社、１９９９年10月）。

『超越地震』（劉黎兒著、時報文化出版、１９９９年12月）。

『震殤　921集集大震』（連合報編集部、連合報社、２０００年９月）。

◎天理教関係

『天理時報』

平成11年９月26日、10月３日、10月10日、11月14日、11月21日、11月28日号。

平成12年５月７日、11月12日号。

平成13年３月25日、10月７日号。

『海外部報』（天理教海外部）２０００年11月号。

『あらきとうりよう』「洪克明、特別寄稿・加油台湾　921大地震から４カ月」（天理教青年会
２０００年１月号。

『正道』（天理教山名大教会）平成11年10月23日号。

その他、『集集大地震日報』（台湾伝道庁保管）。

◎取材協力

西初之・台湾伝道庁前庁長。

棚田義行・台湾災區服務隊隊長。

玉村光彦・館山台南布教所長。

洪克明・台湾青年会前委員長。

佐々木理生・沿海州台湾布教所長。

廖敏仲・台湾青年会委員長。

第十七章

◎災害・一般関係

『震災の思想――阪神大震災と戦後日本』（平成7年）。

『震災ボランティア――「阪神・淡路大震災　被災地の人々を応援する市民の会」全記録』（阪神・淡路大震災　被災地の人々を応援する市民の会、平成7年）。

『ボランティア白書'96―'97』（平成9年）。

『社会の危機と宗教の可能性――阪神大震災被災地における宗教の実証的研究』（平成12年3月）。

『日本のNPO　2000』（中村陽一＋日本NPOセンター編、日本評論社、平成11年）。

その他、有珠山関係の虻田町各種資料。

◎天理教関係

『天理時報』

平成7年2月12日号「社説・阪神大震災の仕込みを〝我がこと〟とするために」。

平成8年1月28日号「提言『教祖存命』二世紀目の年祭を迎えて」。

平成12年3月26日、10月1日号。

『みちのとも』（平成7年）3月、4月、6月号の震災関連記事。

『道の動き――1995』（平成8年10月26日）。

『隊員必携』（昭和61年11月26日改訂第2版）。

『天理教災害救援ひのきしん隊　隊長・幹部必携』（天理教災害救援ひのきしん隊本部、平成13年11月26日）。

◎取材協力

伊藤正治・災救隊北海道教区隊長ほか、同教区隊の方々。

三上炳・虻田町役場災害救助担当参事ほか、虻田町役場の方々。

正村圭史郎・災害ＯＵＴ・ＳＩＤＥ代表ほか、ボランティアおよび洞爺湖温泉町の方々。

あとがき

本書では、明治二十四年（一八九一）の濃尾地震の際の救援ひのきしんから、平成十三年（二〇〇一）三月の海外初の災救隊（台湾災區服務隊）の正式結成に至るまで、この百十年間の天理教の災害救援活動の歴史をたどっている。その内容は、平成十一年二月から翌年十二月まで計二十二回、『天理時報』紙上でほぼ毎月にわたって連載された「災害救援の百年――たすけ合いとひのきしんの実践史」と題する記事をもとに、全面的に加筆・修正したものである。

そもそも執筆のきっかけは、災救隊結成三十周年に向けて、一世紀を超える本教の災害救援史をまとめた本を作りたいという天理教道友社側の強い思いにあった。私のもとに執筆依頼の話があったのは、平成十年の晩秋だったように思う。そのときから数えると、足かけ五年になる。

実際、最近の『天理時報』では、全国どこかの教区や支部による災救隊の実動や訓練を毎号のように報告している。本教と社会をつなぐ〝太いパイプ〟の一つとして定着しているこの災害救援活動を、もっと教内外の人々に広く伝えたい。そして、道の先人たちによる被災地での果敢な働きとその後の伏せ込みについて、あらためて知っていただければ――。そのように企画の意図を熱っぽく語ってくれたのは、当時『天理時報』編集部のMデスクであった。

それから毎月、M氏と二人三脚のようにして連載に取り組んでいくことになった。最初のころは、全体の構想をどうまとめていいか分からず、何度も書き直した。イメージをつかむために、かつての被災地を訪れ、一日を過ごしたこともある。

この連載は、最終的には単行本にすることをめざして、毎回一つひとつ資料を発掘しながら手さぐりで進めていった。驚くべきことに、本教の災害救援は百年以上の歴史があるのに、まとまった先行研究が全くなかった。わずかに、ひのきしん活動としての概略史はあるものの、個々の災害とその救援活動の事跡については、白紙の状態から調べ直さざるを得なかった。

資料それ自体についても、発見するのが困難なものが少なからずあった。教庁や道友社でも、古い記録類は見つからない場合が多かった。災救隊本部で確認できる記録類は、過去二十年間ほどのものである。私は天理図書館に通いながら、当時の『天理時報』や『みちのとも』、教区報、教区史、教会史、また一般新聞各紙、県史・市史の類、各種の災害報告書を借り出したり、コピーを取ったりして、調査を重ねた。それ以外の必要な文献類は、新刊や古書で入手したり、知人から借りて読んだ。そのほか、いくつかの教務支庁からファクスで当時の救援記録を送ってもらったこともある。

こうして資料を読み込んでいくうちに、文献や記録によっては災害の規模や被害状況の説明がまちまちであったり、ひのきしん隊の出動人数や出動現場についても少なからず異同があることが分かってきた。そんなときは、複数の文献や記録を突き合わせて、最も妥当と思われる説明や数値を採用した。

半世紀ほど前の伊勢湾台風（昭和三十四年）の執筆以降は、実際に救援ひのきしんに出動した元隊員の方や、当時の状況を記憶している生き証人がおられるので、関係者へのインタビューも行った。現地取材についても、愛知・三重（伊勢湾台風）、長崎（豪雨水害）、北海道（有珠山噴火）、神戸・淡路島（阪神・淡路大震災）、台湾（台湾大地震）など各地に出向いた。北海道では、実際に私も隊員たちに交じって、火山灰の除去作業を手伝ったりした。

こうした悪戦苦闘の執筆過程の中で、民間災害救援の〝老舗《しにせ》中の老舗〟である本教のひのきしん活動の実相が浮かび上がってきたのである。本書では、平成七年の阪神・淡路大震災の際の〝ボランティアブーム〟のはるか以前から、民間災害救援の先駆けとして、難儀・不自由の最前線で誠真実を尽くしてきた先人たちの尊い汗と努力の姿を、はっきりと示せたのではないかと自負している。

阪神・淡路大震災以後は、これまで培われてきた本教の救援活動の一つの成果として、災救隊はボランティアの現地〝コーディネーター役〟を務めたり、行政から防災マニュアルの作成に関してアドバイスを求められるという指導的立場になっている。

こうした活動は、本教の社会的信用を増すとともに、教内的に見ても〝きょうだい〟の難渋に手を差し伸べる取り組みが、世界たすけに向かう有為なる人材を育成する格好の場となっていることにも気づく。そしてその結果として、本教が掲げる陽気ぐらし世界の実現に向けて、教祖《おやさま》の教えを着実に伝え広めていく原動力ともなるのではないだろうか。

本書は、綿密な資料調査を踏まえ、可能な限り正確を期したつもりであるが、思わぬ過誤がひそんでいるかもしれない。読者諸兄のご叱正を請う次第である。

本書を執筆するに当たっては、天理大学からも支援を頂いた（平成十三年度学術研究助成）。また、快く取材に応じてくださった方々をはじめ、数多くの人々のお世話になった。心から感謝とお礼を申し上げたい。

著　者

天理教の災害救援史年譜表

本教の災害救援活動は、その内容から、以下の三つの時代に区分できる。

- 前史―明治・大正・昭和初期の救援活動（明治24年濃尾地震～昭和21年南海地震）
- 災害救援ひのきしん隊発足まで（昭和23年福井地震～45年台風10号）
- 災害救援ひのきしん隊発足以後（昭和46年災救隊発足～平成13年）

なお、ここで取り上げたのは大規模な災害と、それらの被災地に対する本教の主要な活動の記録である。

※太字は巻頭の「天理教の災害救援マップ」に記載。

第一部　前史―明治・大正・昭和初期の救援活動（明治24年濃尾地震～昭和21年南海地震）

年号(西暦)	事　柄	教　内
明治24年(1891)	• 10月28日、**濃尾地震**。M8.0の大地震。死者7,200人余、全壊家屋14万2,000戸。おさしづを受けて、慰問使が派遣される。本部から義援金(85円)。12月、南海支教会から名古屋方面にひのきしん隊が出動。岐阜まで足を延ばす者も。	3月6日(陰暦正月26日)…教祖5年祭執行。8日まで帰参者延べ10数万人。 12月28日…機関誌『道の友』創刊。
明治25年(1892)	• 8月16日、中国・四国地方（岡山・徳島県、ほか兵庫県）で水害。教会本部から徳島県へ30円、岡山・兵庫2県に各20円の義援金。	7月5日…豊田山墓地工事始まる。連日2,000人余のひのきしん。 12月13日…教祖墓地を善福寺から豊田山へ改葬。
明治27年(1894)	• 6月20日（午後2時04分）、東京で地震。初代真柱、上京中、東分教会にて地震に遭遇。「おさしづ」（明治27年6月25日朝）で「東京地震に付御滞京中の教長の伺、及び信徒見舞のため出張の願」が出される。	4月10日…米国人D.C.グリーン博士、親里で初代真柱と会い、のちに英文『TENRI－KYO』を刊行。 4月9～25日…飯降伊蔵本席、中国・四国地方を巡教。
明治29年(1896)	• 6月15日、三陸大津波。M8.5の地震による。死者・行方不明2万6,000人余、全半壊1万戸。7月2日、本部では義援金を募集。『道の友』に10カ月にわたり金額が報告される。総額4,849円2銭3厘、衣類雑品合計3,211点。	3月9日(陰暦正月25日)…教祖10年祭執行。帰参者15万人。 4月6日…内務省訓令甲第12号(いわゆる秘密訓令)が発令され、以後、天理教への取り締まりが強化される。

年号(西暦)	事柄	教内
明治38年(1905)	・東北地方の飢饉。冷夏により、東北地方の作況指数は軒並み40を下回る。12月12日に本教から義援金。宮城、岩手、福島３県へ教会本部、各分教会、出張事務所、また中山新治郎（眞之亮)、飯降伊蔵など個人名で合計480円。	４月23日…中山正善（２代真柱）誕生。 11月…青森県南津軽郡で金米糖事件。独立請願に影響を与える。
明治39年(1906)	・前年より東北地方の飢饉。養蚕不況も加わり、餓死・凍死者が出た。２月19日、春季大祭のあと、東北地方凶作救援大演説会を行い、すぐに625円23銭３厘の義援金が集まる。以後も続々と義援金が集まり、その報告が『みちのとも』誌に掲載される。	２月18日(陰暦正月25日)…教祖20年祭執行。帰参者10数万人。
明治42年(1909)	・７月31日、大阪市北区大火災。焼失家屋１万4,000戸弱。大阪府下教会組合事務所から義援金総額4,558円99銭、衣類雑品計1万571点を寄託。炊き出しなど、罹災者救恤ひのきしんも。	２月19日…天理教独立奉告祭。
明治43年(1910)	・８月、**東京豪雨水害**。東海・関東・東北地方で死者・行方不明1,359人、浸水家屋は51万8,000戸以上。東京では救援活動さかん。東京出張所は救護所を設置し、炊き出し場所を日本橋大教会に置いて、にぎり飯1,000人分（米１石）を２艘の舟で配付。東本分教会では300人の被災者を保護。教会本部から13府県に義援金合計1,400円を送る。以後も続々と義援金が寄せられる。各教務支庁や教会では救援活動が展開された。	１月28日…天理教婦人会創立。 ４月１日…天理教養徳院（のちの天理養徳院)開設。 ５月28日…神殿普請のため、仮神殿手斧始め。 11月１日…海外布教規程発布。
明治44年(1911)	・３月21日、東京・深川火災。東京の各教会、東京教務支庁を通じて義援金。 ・４月９日、東京・新吉原大火。おぢばより300円（教会本部200円、婦人会本部100円）の義援金（当局に渡す)。東京教務支庁でも、同額の	１月27日…天理教婦人会第１回総会。 ９月10日…鑵子山に天理教校校舎新築。 10月27日…神殿建築起工式。

年号(西暦)	事　柄	教　内
	300円の義援金（東京府庁へ渡す）。 • 7月、豪雨水害。東京の下町では、6万戸余りが浸水。	
大正3年 (1914)	• 1月12日、桜島噴火（桜島大正噴火）。死者58人、家屋の焼失・埋没など2,000戸。教会本部から義援金合計1,076円24銭、奈良県庁を通じて鹿児島の罹災者へ。東京教務支庁でも、管内教会に呼びかけ、義援金と慰問袋を募集。とくに飢饉の東北地方へも1万個以上を送付。	4月…教祖殿新築落成。大正普請竣工。 12月31日…中山眞之亮初代真柱出直し。
大正6年 (1917)	• 9月30日、全国、とくに**関東地方暴風雨**。死者・行方不明1,300人以上、建物損壊3万9,000戸。教会本部から義援金2,200円、婦人会本部から義援金800円・慰問袋3,000個を官庁へ委託。東京教務支庁で救援活動（延べ540人を派遣）。東京青年会は衣類1万6,280点を直接配付。東大教会では義援金1,000円、衣類雑品合計8,166点。東本分教会は義援金1,200円を拠出、白米50俵分を施米。	10月28日…天理教一派独立10周年記念祭。帰参者5万人。
大正12年 (1923)	• 9月1日、**関東大震災**。M7.9。死者・行方不明14万3,000人、家屋全半壊25万4,500戸、建物焼失44万7,000戸。東京・横浜は壊滅状態に。3日、『諭達第14号』の発布に基づき、天理教臨時震災救済本部を設置。被災地へただちに6万円の義援金を送り、全教に50万円の救恤金を募集。各地から衣類の供出、ひのきしん活動続く。東京教務支庁では、震災当日より被災者を収容（10月20日までの延べ収容人数は、2万2,360人）。5、6の両日、にぎり飯を日比谷、上野方面などの被災者に配付。11日から浅草橋、須田町でも麦湯接待。1カ所につき1日1万人。また慰問隊を編成し、九段、日比谷、宮城前、吉原、	5月…天理教館、婦人会・青年会本部竣工。 9月14日…別科第31期の入学者が4,000人を超えたため、2部授業始まる（第35期まで）。

年号(西暦)	事　柄	教　内
	岩崎公園などを回る。11日には、被服廠跡地など５カ所での慰霊祭のため弔祭使を派遣。横浜でも８カ所に弔祭使派遣。９月21日～10月20日、接待風呂を日本橋大教会焼跡で行う（利用者は延べ１万8,000人）。また教内でも被災教会・信者の調査を実施、衣類・食料の分配に努める。山名大教会では、数百人の避難者を収容。神戸在住の教会では、協力して神戸港突堤にテントを張り、救護所を設置。海路で来た避難民に衣類・食事を給する。罹災者（児）のための慰安会、活動写真会を催す所も。	
大正14年（1925）	• ５月23日、**北但馬地震**。M6.8。死者428人、家屋全壊1,295戸、全焼2,180戸。豊岡町の３カ所で接待風呂を開設。２日間にわたり、天理外国語学校生60人が救援ひのきしん。	４月１日…婦人会により天理幼稚園開設。 ４月７日…天理尋常小学校開設（養徳院付属）。 ４月15日…天理外国語学校第１回入学式。 ４月23日…管長就職奉告祭。『諭達第１号』公布。 ８月…天理図書館設立。
昭和２年（1927）	• ３月７日、**北丹後地震**。M7.3。死者2,925人、家屋全半壊２万3,470戸、全焼8,287戸。京都教務支庁管内で救援活動。接待風呂や無料散髪も。義援金として管長名義で1,000円。また本教でも義援金を募集する。	９月26日…府県ごとに教務支庁を置く。 11月27日…『おさしづ』（１・２巻）公刊。昭和６年６月に全33巻完了。 ハッピの文字を統一する（背文字を「天理教」、襟に教会名）。
昭和５年（1930）	• 11月26日、北伊豆地震。M7.3。死者272人、家屋全壊2,165戸。愛知教務支庁管内で義援金を募集。	２月11日…天理教校よのもと会発会式。 10月18日…天理図書館新築開館。同館より『天理時報』創刊。 10月26日…教祖50年祭、立教百年祭に関する『諭達第５号』公布。

年号(西暦)	事　柄	教　内
昭和７年 (1932)	•１月８日、おせちの生餅約70俵（約30石）を北海道・東北の飢饉の地に送る。	５月18日…第１回全国一斉ひのきしんデー。 ７月７日…中山善衞（３代真柱）誕生。 ８月18日…第１回全国一斉路傍講演デー。
昭和８年 (1933)	•３月３日、**三陸沖地震**。M8.1の地震と大津波。死者・行方不明3,064人、倒壊・家屋流失5,800戸以上。５日、東京教務支庁に救援事務所を設置し、中山正善２代真柱自ら指揮を執る。７日、救援事務所は衣類・毛布などを貨車２台で現地へ送る。福島教務支庁の指揮で、多くの信者が被災地での後片づけ、道路の修繕などを行う。	９月10日…教校別科入学生7,500余人。 10月25日…教祖殿新築落成奉告祭。
昭和９年 (1934)	•９月21日、**室戸台風**。死者・行方不明3,036人、家屋の全半壊、流失、浸水は約50万戸。慰問使を派遣。22日より救援活動開始。27日からは、大阪支庁がひのきしん隊を動員。また天理外国語学校、青年会、婦人会、教校よのもと会も参加、６日間で延べ２万人。 •夏、東北地方で冷害。11月19日、東北地方救済委員会を設置し、救援活動を開始。27日までに19カ所で講演会。全国各地で「同情ひのきしん袋」による義援金募集が行われ、総額４万5,501円47銭を被災地に送る。	４月18日…教祖誕生祭始まる。この祭典より、参拝者のみかぐらうた唱和が許される。 ９月10日…教校別科入学生１万2,947人。 10月25日…神殿改築、南礼拝場増築落成奉告祭。おつとめにお面を着用、かんろだいを囲んで立ちづとめが行われる。
昭和10年 (1935)	•４月21日、台湾中部で大地震。24日、慰問使を派遣。 •９月末、西日本・近畿・中部豪雨水害。教校別科生ら1500人が京都市内で清掃。	４月18日…教祖御誕生奉祝（慶祝）旬間始まる。 10月３日…天理教校よのもと会により、よろづ相談所開設。
昭和11年 (1936)	•９月初旬、朝鮮半島南部の風水害。９月６日、慰問使を派遣。	１月26日…教祖50年祭執行。２月18日まで毎日おつとめを勤める。帰参者100万人余。

年号(西暦)	事　柄	教　内
		1月27日…両年祭記念に『おふでさき』『おさしづ』(第1巻)下附。 10月5日…第6回教義講習会開講。
昭和15年(1940)	• 1月15日、静岡大火。15日、慰問使を派遣。	4月25日…天理時報社創設。 11月11日…第10回教義講習会(革新講習会)始まる。
昭和17年(1942)	• 11月、全教的に農村援護活動を行う。	3月1日…ひのきしん隊憲章制定。 4月18日…空襲警報が発せられ、本部防護団活躍。教祖誕生祭の催し物は中止。
昭和18年(1943)	• 9月10日、**鳥取地震**。M7.2。死者・行方不明1,083人、負傷者3,259人。家屋全壊7,485戸。慰問使を派遣。教校修養科生より大工・佐官の経験者を救援隊員として派遣。京都・大阪・兵庫の3教区から、113人のひのきしん隊が派遣され、10日間、市内の整理に尽力。東京教区から慰問金1,500円を被災教会に、神奈川教区から鳥取市に、それぞれ500円を送る。	1月26日…第11回教義講習会(29日まで)。
昭和21年(1946)	• 12月21日、**南海地震**。M8.0。死者・行方不明1,432人、家屋全壊1万1,591戸、同焼失2,598戸、同流失1,451戸。地震直後から、和歌山県内の大教会単位でひのきしん活動開始。翌1月中旬、3日間にわたり和歌山中央支部の160人が海南市内の清掃活動を行う。また高知県でも炊き出しや給水活動。	1月11日…別席の再開。 1月26日…教祖60年祭執行。 4月18日　新教規施行。『復元』創刊。

第二部　災害救援ひのきしん隊発足まで（昭和23年福井地震～昭和45年台風10号）

年号(西暦)	事　柄	教　内
昭和23年(1948)	• 6月28日、**福井地震**。M7.1。死者3,769人。家屋全半壊4万8,000戸近く。福井市では全市の約	11月30日…財団法人天理教一れつ会発足。

年号(西暦)	事　柄	教　内
	4割が焼失。6月29日に慰問使を派遣。7月6日以降、教会本部および11教区から、ひのきしん隊が出動。「北陸震災天理教救援隊本部」を拠点に各教区のひのきしん隊が活動。出動延べ人数は3,758人。7月13～30日、市内で「無料天理教ひのきしん風呂」を提供。入浴者は延べ2万5,168人に上った。各教区からの義援金、多数あり。	
昭和25年(1950)	• 9月3、4日、**ジェーン台風**。近畿・四国・北日本、とくに近畿中部に被害。死者・行方不明539人、被災家屋12万900戸、浸水被害40万2,000戸に及ぶ。10～15日、大阪・奈良からひのきしん隊が出動し、延べ2,000人が清掃活動を行う。7～11日、兵庫教区から尼崎市内に延べ350人が出動。	4月20日…婦人会創立40周年記念第32回総会。
昭和28年(1953)	• 6月下旬、**豪雨水害（北九州大水害）**。本教では200万円を支出し、また義援金を募る。その総額は1,063万7,125円に達した。7月中旬～8月中旬、熊本教区では延べ4,390人が被災地で後片づけ。また7～9月、門司市でも福岡・山口教区のひのきしん隊が出動（延べ3,000人）。 • 7月中旬、**豪雨水害（南紀豪雨）**。大阪・京都・奈良・兵庫教区から相次いで和歌山県内の被災地にひのきしん隊を派遣。 • 9月28日、本部では厚生部内に「災害対策委員会」を設置。同委員会の始まり。	1月26日…年祭活動の第1歩として総出の土持ちひのきしん。 1月27日…青年会長に中山善衞就任。 4月18日…2代真柱、年祭活動の一環として親里普請、八町四方構想を発表。
昭和32年(1957)	• 7月25日、**豪雨水害（諫早豪雨）**。死者・行方不明992人。7月31日～8月10日、諫早市には長崎・佐賀・福岡教区から、熊本県玉名郡には熊本教区から、ひのきしん隊がそれぞれ出動。連	1月5日…2代真柱、年頭会議で教祖70年祭後の指針として三信条を発表。 8月31日…第1次ブラジル移民出発。

年号(西暦)	事　柄	教　内
	日100人近くの隊員が土砂の除去や道路修復に当たった。	
昭和33年(1958)	• 9月26、27日、**台風22号(狩野川台風)**。静岡県内に大きな被害。死者・行方不明1,269人。家屋全半壊および流失4,300戸、床上・床下浸水52万2,000戸に及ぶ。10月1日、災害対策委員会は嶽東大教会（沼津市）に災害対策本部を設け、救援ひのきしん活動を指揮。同日より、静岡教区救援ひのきしん隊270人が出動。同教区隊は、宿泊隊とは別に2,300人を各所に出動させる。5～9日、東京教区災害常備隊116人、神奈川教区救援ひのきしん隊59人が伊豆方面に出動、土砂・流木の撤去作業を行った。各教区や天理大学で救援募金。	2月7日…中山善衞と土佐まさ結婚。
昭和34年(1959)	• 9月26日、**伊勢湾台風**。近畿・東海・中部地方全域に大きな被害。死者・行方不明5,098人。家屋全壊・流失4万838戸。浸水36万3,616戸。堤防決壊5,760カ所。28日、奈良県五條市の被災地には、教会本部および奈良教区からひのきしん隊を派遣。29日、大きな被害が出た教区に慰問使を派遣。愛知教区では、水上班・医療班・建設班・輸送班・炊事班から成る救援ひのきしん隊を独自に編成。6教区9隊が名古屋市と半田市の臨海部で活動。災害発生後から12月初旬まで2カ月間、延べ7,000人余が参加。 10月2～10日、天理教医療班が出動。また三重教区では、同教区隊が四日市・桑名の被災地に出動。翌年には、愛知教区災害ひのきしん隊が結成される。	1月16日…中山善司（4代真柱）誕生。

年号(西暦)	事　柄	教　内
昭和36年 (1961)	• 9月16日、**第二室戸台風**。四国から大阪を中心とする近畿地方に被害。死者・行方不明202人。家屋全半壊・流失6万2,000戸近く。浸水38万4,000戸。21～24日。浸水した西淀川地区に天理よろづ相談所の医療班による無料診療車が出動。4日間の診療総数は5,200件近くに達した。23日から1週間、大阪教区・青年会・天理教校隊約300人が西淀川区内の被災地に出動、水害後の汚物処理に当たった。岸和田市でも、臨海部で延べ100人が後片づけと清掃。徳島には同教区隊が出動。	4月26日…『諭達第2号』公布。
昭和39年 (1964)	• 6月16日、**新潟地震**。M7.5。死者26人、浸水1万5,000戸。家屋全壊1,960戸。6月21日～7月1日、天理教校生から成る第1次隊63人が出動。地元・新潟教区を含む6教区隊計175人が第2次隊として作業。	8月10日…天理教学生会結成総会。
昭和40年 (1965)	• 9月10～18日、**台風**23号・**24号**・25号。全国（とくに徳島・兵庫・福井）に被害。天理市内および奈良市にひのきしん隊（青年会・専修科生・奈良教区）が出動。	1月26日…教祖80年祭後継者決起大会開催。参加者10万人余。 2月10日…炊事本部から全詰所に配食始まる。 9月13日…おやさとやかた南左第4棟（天理大学校舎）使い初め式。
昭和41年 (1966)	• 9月24、25日、台風26号。関東地方以西に大きな被害。死者・行方不明318人。浸水5万3,601戸など。とくに山梨県では山津波などにより死者180余人が出た。同教区では、機械力不足のため、ひのきしん隊の実動は断念。義援金募集を中心とした活動に。	1月26日…教祖80年祭執行。2月18日までの間、毎日おつとめを勤める。帰参者200万人。 1月…『おさしづ』改修版全7巻下附。 4月1日…財団法人天理よろづ相談所「憩の家」開所披露式。おやさとやかた西右第2・3棟。翌日から診療開始。 10月26日…立教129年よのも

年号(西暦)	事　柄	教　内
		と会総会に約20万人が参加。天理教少年会誕生。
昭和42年(1967)	• 7月8～10日、西日本各地に**豪雨水害（昭和42年7月豪雨）**。11日、天理教校専修科生150人から成る本部ひのきしん隊が神戸市兵庫区菊水町に出動。また兵庫教区も出動した。16～18日、広島教区ひのきしん隊84人が呉市内で土砂除去の作業に従事。	4月6日…天理高等看護学院、天理衛生検査技師学校開設。 11月14日…中山正善2代真柱出直し。21日に葬儀。中山善衞、3代真柱を継承。
昭和45年(1970)	• 8月21日、**台風10号**。直撃を受けた高知県では高潮により4万戸以上が浸水。8月30日～9月4日、教会本部からひのきしん隊が出動（188人）。高知市内を中心に後片づけと清掃活動。	

第三部　災害救援ひのきしん隊発足以後（昭和46年災救隊発足～平成13年）

年号(西暦)	事　柄	教　内
昭和46年(1971)	•この年より、災救隊結成後の出動が始まる。災害救援ひのきしん隊の結成要項が作られ、各教区隊の結成が呼びかけられた。最初は青年会本部が管轄（同年12月、管轄はよのもと会ひのきしん部に移された）。 • 8月27、28日、災救隊教区指導者合宿訓練開催。この後、災救隊教区隊の結成が続く。翌年8月、正式名称決定。「天理教災害救援ひのきしん隊○○教区隊」。48年2月、第1回災救隊隊長会議が開かれる。6月には第1回幹部訓練。52年以降、隊長会議や幹部訓練は毎年開催。 • 9月9、10日、**豪雨水害**。秋雨前線の活動による集中豪雨。山崩れが三重県南部で多発。死者・行方不明45人、浸水1,200戸。同月、三重県熊野市に延べ1,000人が出動。	5月2日…各地で一日修養会始まる。 11月1日…点字文庫開設。 12月2日　台湾の現地信者による財団法人「中国天理教総会」発会式。
昭和47年(1972)	• 7月3～13日、**豪雨水害（昭和47年7月豪雨）**。山崩れや浸水が北海道を除く全国各地で発生。	10月26日…教祖90年祭の打ち出し。

年号(西暦)	事　柄	教　内
	死者・行方不明442人。住宅全壊・流失1,076戸、浸水19万4,691戸。同月、熊本県御船町に災救隊延べ120人、高知県土佐山田町の山崩れ現場に延べ900人、広島県三次市に延べ400人、島根県桜江町に延べ300人がそれぞれ出動。	12月30日…おやさとやかた東右第１棟竣工。
昭和48年(1973)	• ９月13〜20日、**台風20号**。この台風に刺激された秋雨前線により、各地で豪雨被害が拡大。死者・行方不明85人、浸水14万6,547戸。同月、岡山県倉敷市に延べ180人が出動、青森教区隊もむつ市に初出動（57人）。10月、北海道教区隊も知内町の山津波現場へ（５日間で延べ535人が作業）。	１月26日…『諭達第２号』公布。 ４月21日…青年会が第49回総会で「三千万軒にをいがけ」発表。
昭和49年(1974)	• ５月９日、**伊豆半島沖地震**。伊豆半島南沖を震源とする直下型地震。山崩れ・崖崩れが発生。死者・行方不明30人。家屋全壊・全焼139戸。同月、静岡県伊豆半島に４日間で延べ471人が出動。	１月５日…『稿本天理教教祖伝逸話篇』第１集発行。以下、第４集まで続刊。 ４月１日…天理教校附属高等学校第１回入学式。 ５月１日…教祖90年祭地方講習会始まる。
昭和50年(1975)	• ８月17〜24日、**台風５号・６号**。全国が暴風雨に見舞われ、各地で水害が発生。死者・行方不明110人。浸水９万9,054戸。同月、青森県黒石市に災救隊延べ125人、山形県真室川町に延べ120人、高知県土佐市・伊野町に延べ350人、北海道月形町に延べ613人がそれぞれ出動。 • 隊員のため、日本赤十字社の救急員資格講習会が始まる。	１月26日…教祖90年祭おやさと講習会。 ５月12日…西ドイツ（当時）のマールブルク市で「天理教展覧会」開催。 ５月24日…ぢば定めから100年の５月26日を前に雛型かんろだい据え替えの儀。 ６月29日…おやさとやかた南左第１棟（現・教庁）竣工（９月29日に北左第４棟、10月16日に西左第３棟竣工）。
昭和51年(1976)	• ９月８〜14日、**台風17号**。関東地方以西に豪雨災害。死者・行方不明167人。家屋全壊・流失	１月26日…教祖90年祭執行。２月18日まで毎日おつとめを

年号(西暦)	事　柄	教　内
	1,466戸、浸水44万8,650戸。９月、高知市に３教区隊延べ750人、岐阜市・安八郡に本部隊を含む３隊延べ1,300人、岡山県備前市・日生町に延べ500人、香川県津田町・小豆島に延べ600人、佐賀県鹿島市・塩田町に延べ100人、兵庫県家島本島に延べ200人がそれぞれ出動。 •10月26日、災救隊結成５周年記念大会がおぢばで開催。大会テーマは「連帯と躍進」。2,092人が参加。この時までに44教区隊が結成され、隊員数も4,794人に。	勤める。帰参者200数十万。 ３月28日…教祖90年祭道の学生決起大会。
昭和52年 (1977)	• ８月５日、豪雨水害。青森教区隊は弘前市に出動（３日間で延べ151人）。 • ８月７日、**有珠山噴火**。10回余りの噴火が14日まで続く。９月、北海道教区災救隊、洞爺湖温泉町に４日間延べ712人が出動。	４月１日…天理教校第二専修科発足。 10月26日…教祖百年祭を目指して東西礼拝場ふしんの打ち出し。 11月14日…２代真柱10年祭。
昭和53年 (1978)	• １月14日、伊豆大島近海地震。M7.0。伊豆半島東岸で大きな被害。18〜21日、静岡・神奈川両教区隊が出動（延べ600人）。	
昭和54年 (1979)	• ６月末、全国17教区から303人が参加して、北海道・東北ブロックの災救隊総合訓練を洞爺湖畔で行う。 •10月19日、台風20号。全国で大きな風水害。死者・行方不明111人、浸水３万7,450戸。10月、岡山県柵原町に延べ350人、静岡県磐田市に延べ100人がそれぞれ出動。	１月16日…20歳の誕生日を迎えた中山善司を真柱継承者に推戴。 ４月２日…おやさとやかた東右第４棟竣工。
昭和55年 (1980)	• ６月24日、第１回水上安全法救助員養成講習会を開催。以後、毎年開かれる。	２月25日…中山善司が青年会４代会長に就任。 ３月27日…おやさとやかた西左第５棟竣工。同日、「ひの

年号(西暦)	事　柄	教　内
		きしんスクール」開設。 ４月20日…婦人会創立70周年記念第62回総会。
昭和56年 (1981)	• １～２月、**日本海側雪害（昭和56年豪雪）**。北陸・東北地方で死者119人、家屋損壊5,819戸。１～２月、新潟県下に延べ750人が出動（新潟雪害救援ひのきしん隊）。 • ８月３、４日、豪雨水害。北海道の道央部で浸水など大きな被害。11～13日、北海道教区隊が江別市に出動。市内の２カ所の老人ホームの復旧作業を行う（延べ450人）。	１月26日…『諭達第３号』公布。 ７月25日…西礼拝場使い初め。 10月４日…『天理時報』で「飢えた子供にミルクを」のキャンペーン開始。 10月26日…天理教里親会発足。 12月１日…おやさとやかた西右第５棟竣工。
昭和57年 (1982)	• ４月19日、災救隊結成10周年記念大会がおぢばで開催。大会テーマは「緑化――世界に緑を心にやさしさを」。2,448人が参加。この年、隊員総数5,000人を超えた。 • ７月10～26日、**豪雨水害（昭和57年７月豪雨）**。関東以西で死者・行方不明345人、家屋全壊・流失464戸、浸水５万9,000戸近く。とくに23～25日の西日本の集中豪雨では、長崎市で大水害が発生。７～８月、県下に災救隊が出動（肥長大教会内に西部ガスの現地対策本部分室と天理教の災救隊現地本部が併設）。第１～第４次隊まで。パワーショベルやダンプカーなどを駆使して、延べ4,000人近くが出動（この時の自衛隊動員数は延べ１万8,000人）。 • ８月１～３日、**台風10号**。奈良県内にも大きな被害。奈良県王寺町に奈良教区隊延べ100人が出動。４～７日、天理教校専修科生・第二専修科生（４日間で延べ283人）が天理市庵治町で救援活動。 • ９月８～13日、**台風18号**。近畿・東海地方を中心に浸水13万6,000戸を超える大きな被害。同	10月26日…「教祖百年祭・三年千日決起の集い」開催。20万人が参加。『おさしづ索引』第１巻刊行。昭和62年10月に全３巻完成。

年号(西暦)	事　柄	教　内
	月、静岡県焼津市に延べ140人が出動。	
昭和58年(1983)	• 5月26日、日本海中部地震。M7.7。秋田教区隊延べ103人は、県内の被災地で土砂の除去など。 • 7月20～27日、**豪雨水害（昭和58年7月豪雨）**。島根県益田市、三隅町で大水害。死者・行方不明117人、家屋全半壊・流失3,100戸、浸水1万7,200戸など。7月下旬～8月中旬、島根県益田市、三隅町に4次にわたり災救隊延べ6,081人が出動（19教区が18日間、救援活動を展開）。被災地との交信に天理教ハムクラブが活躍。	1月28日…東礼拝場上棟式。 4月1日…20棟目のおやさとやかた西右第4棟（「憩の家」新棟）竣工。
昭和60年(1985)	• 6月28日、全国40教区から748人が参加して、北海道有珠山で災救隊総合訓練（4日間）。緑化ひのきしんを掲げて、有珠山に1万7,500本を植樹。30日には本教初の植樹祭を実施（有珠山の緑化活動は平成4年までに延べ3,782人が参加。約3万7,000本を植樹）。	2月3日…教祖百年祭先達決起大会始まる。7月14日まで。 6月14日…第2炊事本部竣工。 7月…修養科の修了者が50万人突破。 8月31日…おやさとやかた南右第3棟竣工。
昭和61年(1986)	• 7月4～17日、**台風7号**。中部以西で集中豪雨、鹿児島市およびその周辺で集中豪雨。死者・行方不明23人、家屋全半壊175戸、浸水3,638戸など。同月、鹿児島市に延べ122人が出動。	1月26日…教祖百年祭執行。2月18日まで毎日おつとめを勤める。 10月28日…立教150年教義講習会第1次開催（29日まで）。 12月12日…天理国際シンポジウム開催（16日まで）。
昭和62年(1987)	• 8月3～6日、**台風10号**。東海・関東・東北地方で豪雨災害。死者・行方不明21人、家屋全半壊2,683戸、浸水10万5,072戸。同月、栃木県茂木町に延べ353人、宮城県鹿島台町に延べ313人がそれぞれ出動。	8月…この年の「こどもおぢばがえり」の参加者38万1,116人。 10月26日…立教150年秋季大祭。 11月14日…2代真柱20年祭。

年号(西暦)	事　柄	教　内
昭和63年(1988)	• 8月31日、災救隊、防災行政の推進に多年にわたり尽力し、顕著な功績を残したとして国土庁長官より表彰される。	2月6日…婦人会創立80周年「会員躍進の集い」始まる。 9月7日…教会長研修会始まる。 10月27日…青年会創立70周年記念第64回総会。
平成2年(1990)	• 1月25日、**イベリア船籍の貨物船、丹後半島沖で座礁事故**。937kℓの重油が流出。2月12〜16日、京都教区隊が中心となって土嚢《どのう》2,700袋分の重油を回収（延べ498人）。その後、3月にも京都の北部5支部隊が出動した。	4月19日…婦人会創立80周年記念第72回総会。 この年、教会総数が1万7,000カ所となる。
平成3年(1991)	• 5月25日、災救隊結成20周年記念大会がおぢばで開催。計49隊（全47教区隊の他、1支部隊、おやさと隊が加わる）から計3,030人が参加。 • **雲仙・普賢岳噴火災害**。前年11月の噴火後、この年2月に再噴火し、火山活動が活発化。6月3日、火砕流が発生し、43人が死亡・行方不明となる（噴火は平成7年まで4年半続く。50人以上の死傷者と2,500戸を超える建物に被害）。全教挙げて雲仙救援の義援金1億1,991万80円（半額ずつを島原市と深江町に届ける）。	9月25日…道友社創立100周年記念式典並びに全国社友大会。
平成4年(1992)	• 9月19、20日、立入規制区域の一部解除に伴い，雲仙被災地へ長崎教区隊（1次隊）、そして10月中旬、同隊（2次隊）が出動（1・2次で延べ238人）。土石流に埋まった被災家屋の復旧に尽力。	4月2日…中山善司真柱継承者、橋本はるえと結婚。 4月…天理大学新体制でスタート（4学部16学科7専攻）。 4月7日〜5月10日…「天理秘蔵名品展」大阪市で開催。 5月25日…おやさとやかた真南棟竣工。
平成5年(1993)	• 7月12日、**北海道南西沖地震**。M7.8。震源に近い奥尻島では震度6の地震の直後に津波が襲来。死者・行方不明230人。8月に入り、災救隊	10月25日…おやさとやかた乾隅棟が竣工。 10月26日…『論達第4号』公布。

年号(西暦)	事　柄	教　内
	北海道教区隊が奥尻島へ出動。２次にわたり延べ1,065人が復旧に尽力した。また９月29～30日にも再度出動(延べ217人)。義援金の合計：北海道教区受け付け分2,888万3,520円、道友社受け付け分1,020万747円。	
平成７年(1995)	・１月17日、**兵庫県南部地震（阪神・淡路大震災）**。午前５時46分、淡路島北部を震源とするM7.2の直下型大地震が発生。神戸・洲本で震度６、京都・彦根などで震度５、大阪・和歌山などで震度４を観測。神戸市などでは震度７の地域があることものちに判明。死者6,308人（平成７年12月消防庁統計）。家屋全半壊20万7,000戸以上、ライフラインや交通網に大被害。教会本部ではただちに対策委員会を招集。翌18日に、災救隊本部長を被災地へ派遣。この日に、見舞金3,000万円と第１次救援物資の目録を貝原俊民兵庫県知事に手渡す。以後、全教を挙げて救援に乗りだす。20日より徳島教区隊が一宮町に49人を動員。各教区隊も次々と出動。主な救援活動としては、緊急物資輸送、医療活動、給水支援活動、救援物資の仕分け、炊飯支援活動、被災者受け入れ、義援金募集、災救隊の出動など多岐にわたる。災救隊は46教区隊のほか本部隊、青年会ひのきしん隊、天理教校隊が出動。淡路島隊・兵庫西隊・兵庫東隊・兵庫中央隊に分かれて活動。延べ1万3,418人（女子1,142人）が日数にして延べ430日間実動した。 義援金は「天理教兵庫県南部地震災害救援募金」として１月19日より募集開始。９月27日までに4億4,657万2,036円の募金が寄せられ、約２億円ずつ２回に分けて貝原知事に手渡した。	３月24日…教会本部から被災教会に「復興の種」（総額20億8,000万円）が支援金として下附される。

年号(西暦)	事　柄	教　内
平成9年(1997)	• 1月2日、**タンカー・ナホトカ号、隠岐島沖で沈没**。重油6,240kℓが流出。7教区隊が計11次にわたる重油回収活動に従事。実動人数は延べ4,300人。重機も使用。一般の信者も教会単位、教区単位、個人単位で救援活動に参加。	1月28日…立教160年教会長講習会始まる(3次にわたり5月27日まで)。 8月29日…道の後継者講習会始まる(25次にわたり翌年3月21日まで)。
平成10年(1998)	• 8月下旬、**台風4号**。東北・関東・東海地方で河川決壊や土砂崩れが発生。死者・行方不明21人、家屋全半壊・流失138戸、浸水1万2,000戸など。9月、栃木県那須町、福島県白河市の水害地域に災救隊が出動。	4月18日…教祖ご誕生200年。 4月26日…中山善司、真柱の理を継承。4代真柱に。 10月25日…真柱継承奉告祭。『諭達第1号』公布。
平成11年(1999)	• 9月21日、**台湾大地震**。M7.3。台中・南投県を中心に2,440人が死亡、家屋全半壊は10万6,000戸。台湾伝道庁青年会が中心に10〜12月まで毎週日曜日、12次にわたり救援活動。参加延べ人数347人。山名大教会は独自に「義工隊」を結成して救援活動。また、本教全体として台湾に義援金900万円を寄託した。 • 9月24日、**台風18号**。九州北部を中心に大きな被害。9月30日〜10月6日、とくに被害の大きかった熊本県宇土郡不知火町に災救隊が出動(熊本・福岡・長崎・大分教区隊)。延べ530人が倒壊家屋の解体・撤去に当たった。 • 10月末、豪雨水害。岩手県内で浸水など大きな被害。11月1〜6日、岩手県九戸郡軽米町に岩手・青森両教区隊が相次いで出動(延べ355人)。	9月1日〜12月23日…「ようぼく躍進地方講習会」が全国および海外会場を含め1,942会場で開催。
平成12年(2000)	• 3月31日、**有珠山噴火**。7月の避難地域一部解除に伴い、北海道教区隊が除灰作業に出動。8月中旬にかけて5次にわたり、延べ2,000人が出動。屋根の除灰は134戸、家屋周辺での作業は83カ所。灰を詰めた土嚢は約4万袋に上った。	4月6日…天理高校第二部「介護福祉科」開設。 6月25日…ひのきしんスクール20周年記念大会。

年号(西暦)	事　柄	教　内
	• 9月11、12日、**豪雨水害（東海豪雨）**。愛知県内だけで約7万8,000戸が浸水、伊勢湾台風以来の大災害に。16日から、とくに被害の大きかった愛知県西枇杷島町へ愛知教区隊が出動（1次隊）。18日からは兵庫・奈良両教区隊が合流（2次隊）、また岐阜・三重・京都・滋賀教区隊も加わる。22日までの1週間で延べ1,644人が復旧作業。岐阜県上矢作町には15～17日、岐阜教区隊が出動（延べ96人）。 • 10月6日、鳥取西部地震。5,000戸以上の家屋が損壊。9～16日、鳥取県日野町に鳥取教区隊が出動（延べ67人）。19日には、島根県能義郡伯太町に島根教区隊が出動。	
平成13年 (2001)	• 3月10日、海外初の災救隊として台湾災區服務隊正式に成立する。 • 9月6日、**豪雨水害**。高知県西部の土佐清水市などで大きな浸水被害。10～13日、高知・香川教区隊が相次いで出動（延べ343人）。 • 9月中旬、**台風16号**。台湾北部で豪雨水害。死者80人を超え、台北市ではライフラインに大きな被害。18～24日、災區服務隊が台北市に出動（延べ150人）。 • 11月27日、災救隊結成30周年記念大会が白川地区などで開催。大会テーマは「ひのきしんの実践・おつとめの励行」。参加者約4,000人。約3,500本の記念植樹も。	4月4日～9月16日…19次にわたり教会長おやさと講習会。1万4,551人が受講。 8月15日…中山まさ3代真柱夫人出直し。 11月1日…新築のおやさとやかた南右第1棟に、新しい天理参考館開館。

【参考文献】

『天理教統計年鑑（立教158年版）』より「付録：第一部・過去の災害における本教の救援活動」（天理教表統領調査課編、天理教教会本部、平成８年）。

『ビジュアル年表・天理教の百年』（天理教道友社編・発行、平成３年）。

『改訂・天理教事典』（天理大学おやさと研究所編、天理教道友社、平成９年）。

『改訂・天理教事典教会史篇』（天理大学おやさと研究所編、天理教道友社、平成元年）。

『新たな明日をめざして――災害救援ひのきしん隊10年の歩み』（天理教災害救援ひのきしん隊編、天理教よのもと会、昭和53年）。

『天理教災害救援ひのきしん隊』（天理教災害救援ひのきしん隊本部編、天理教よのもと会、平成３年）。

『天理時報』『みちのとも』より、災害救援関連記事。

『日本の自然災害』（力武常次・竹田厚監修、国会資料編纂会編・発行、平成10年）。

『日本史小百科22　災害』（荒川秀俊・宇佐美龍夫著、近藤出版社、昭和60年）。

●金子 昭
1961年（昭和36年） 奈良県天理市生まれ。
1984年（昭和59年） 慶応義塾大学文学部哲学科卒業。
1989年（平成元年） 慶応義塾大学大学院文学研究科博士課程修了。
天理大学おやさと研究所助手。
1993年（平成5年） 慶応義塾大学より博士（哲学）学位授与。
1995年（平成7年） 和辻賞（日本倫理学会賞）受賞。
1996年（平成8年） 天理大学助教授。現在に至る。

倫理学、哲学的人間学、社会福祉学、天理教学が主たる研究分野。天理やまと文化会議委員、天理教社会福祉研究会委員、天理教ひのきしんスクール運営委員。
著書に『シュヴァイツァー その倫理的神秘主義の構造と展開』（白馬社、1995年〔博士論文、和辻賞受賞著作〕）、『天理人間学総説—新しい宗教的人間知を求めて—』（白馬社、1999年）、『世紀を見抜く—未来へ向けての豊穣なる対話—山折哲雄×加藤尚武』（共著：萌書房、2000年）、『自然のおしえ 自然の癒し—スピリチュアル・エコロジーの知恵—』（ジェームズ・A・スワン著、金子珠理と共訳、日本教文社、1995年）など。

駆《か》けつける信仰者《しんこうしゃ》たち 天理教災害救援《てんりきょうさいがいきゅうえん》の百年《ひゃくねん》

立教165年（2002年）2月1日 初版第1刷発行

著 者 金子 昭

発行所 天理教道友社
〒632-8686 奈良県天理市三島町271
電話 0743（62）5388
振替 00900-7-10367

TENRIKYO DOYUSHA

印刷所 株式会社天理時報社
〒632-0083 奈良県天理市稲葉町80

ISBN4-8073-0471-2
定価はカバーに表示